DIE ENERGIE DER LIEBE

HARALD WESSBECHER

DIE ENERGIE DER LIEBE

Eine neue Dimension der Selbstentfaltung
durch Partnerschaft

INTEGRAL

FSC
Mix
Produktgruppe aus vorbildlich bewirtschafteten Wäldern und anderen kontrollierten Herkünften

Zert.-Nr. SGS-COC-1940
www.fsc.org

Verlagsgruppe Random House FSC-DEU-0100
Das für dieses Buch verwendete
FSC-zertifizierte Papier *EOS* liefert Salzer, St. Pölten.

Integral Verlag
Integral ist ein Verlag der Verlagsgruppe Random House GmbH

ISBN-10: 3-7787-9167-2
ISBN-13: 978-3-7787-9167-7

1. Auflage 2006

Redaktion: Dr. Juliane Molitor
Einbandgestaltung: HildenDesign, München
Einbandabbildung: © John Grant/Getty Images
Gesetzt aus der Berling bei Leingärtner, Nabburg
Herstellung: Helga Schörnig
Druck und Bindung: GGP Media GmbH, Pößneck

Inhalt

Vorwort

Die meisten Menschen sehnen sich nach einer erfüllten Partnerschaft, nach Liebe, Sicherheit und Geborgenheit. Aber gehen diese drei Dinge wirklich so einfach Hand in Hand? Haben Liebe und Freude, die meiner Ansicht nach wichtigsten Elemente einer erfüllten Partnerschaft, wirklich etwas mit Sicherheit zu tun? Und sollte das, was wir normalerweise unter Partnerschaft verstehen, wirklich das Ziel all unserer Wünsche sein?

Aus der Art, wie ich diese Fragen stelle, können Sie bereits schließen, dass die Antwort nicht einfach »ja, klar« lauten kann. Wenn das Leben in einer festen, sicheren Partnerschaft wirklich unsere Bestimmung wäre und es nur darum ginge, einen Partner zu finden, der uns eben diese Sicherheit bieten kann, dann müssten die meisten etablierten Ehepaare froh und glücklich sein. Doch das ist nicht der Fall. Im Gegenteil, es scheint, als nähmen die Freude und die Spontaneität in Beziehungen in dem Maße ab, in dem die Sicherheit zunimmt. Was einst mit heftiger Verliebtheit begann, endet oft in langweiliger Routine oder in Streit und Vorwürfen. Viele Partnerschaften werden schon dann als gut empfunden, wenn sie irgendwie funktionieren. Mehr erhoffen sich die Partner gar nicht mehr.

Muss das so sein? Was hindert uns denn daran, unsere Sehnsucht nach Liebe zu erfüllen?

Auf den folgenden Seiten versuche ich Antworten zu geben – meine ganz persönlichen Antworten auf diese wichtige Frage. Ich erhebe nicht den Anspruch, dass meine Sichtweisen richtiger und wichtiger sind als die der vielen anderen Autoren, die über dieses Thema geschrieben haben, aber ich konnte über viele Jahre beobachten, dass Menschen, mit denen ich meine Ideen teilte, einen Weg gefunden haben, mit mehr Liebe, Freude und Leichtigkeit durchs Leben zu gehen.

Dieses Buch möchte Ihnen zunächst die Augen öffnen, für Ihr eigenes Verhalten in der Partnerschaft oder auf der Suche nach einem Partner. Sie werden erfahren, welche Rollen Sie spielen und wie diese Rollen verhindern, dass Sie sich selbst finden, den Weg zu Ihrem eigenen Herzen. Und dann werden Sie lernen, sich nach und nach von diesen Rollen zu verabschieden und zu sich selbst vorzudringen, denn das ist das ganze Geheimnis: Nur wer sich selbst erkannt und verstanden hat, kann einen anderen Menschen erkennen und verstehen. Und nur wer mit dem Herzen sieht, kann Liebe empfinden.

Harald Wessbecher

Teil 1

Sichere Partnerschaft – glückliche Partnerschaft?

Ich liebe dich. Ich kann ohne dich nicht mehr sein. Ich denke ständig an dich. Ich kann nicht mehr schlafen, nicht mehr arbeiten, ich will nur noch bei dir sein. Zum ersten Mal in meinem Leben fühle ich mich so richtig lebendig, und das nur durch dich. Du gibst meinem Leben Sinn.

So oder so ähnlich beginnen viele Liebeserklärungen. Damit werden die Weichen für eine lebenslange, erfüllte Partnerschaft gestellt. Zumindest hoffen das die von Amors Pfeil Getroffenen. Verliebte Menschen schweben auf rosa Wolken. Sie sind durch und durch vergnügt und alles kommt ihnen irgendwie gut und richtig vor. Sie betrachten die Welt ausschließlich positiv. Probleme sind plötzlich keine mehr und sogar wichtige Aspekte des Alltags, wie Gelderwerb oder das Erfüllen von eingegangenen Verpflichtungen, scheinen bedeutungslos angesichts der süßen Gefühlswallung, die von ihnen Besitz ergriffen hat.

Doch so schön dieser Zustand der verliebten Schwärmerei und der höchsten Glückseligkeit auch sein mag – er ist selten beständig und bleibt leider auch nicht so intensiv, wie es sich die Verliebten erhoffen. Im gemeinsamen Alltag stellt sich oft schon bald eine tief greifende Ernüchterung ein. Irgendwann sieht man die Umstände und auch den Partner selbst nicht mehr durch die rosarote Brille, und die ganze schöne Anfangsverliebtheit wird von enttäuschten Erwartungen, Verletzungen und Kränkungen erschüttert. Jetzt wird den meisten einst so Verliebten klar, dass durch den Partner und die Liebe zu ihm sehr viel weniger neu und besser geworden ist, als sie sich ursprünglich erhofft hatten. Und in einem gewissen Stadium der Ernüchterung wird dann alles in Zweifel gezogen: War da überhaupt jemals Liebe im Spiel? Bin ich vielleicht nur einer Illusion aufgesessen? Waren es etwa nur meine eigenen Gefühle und Erwartungen, die ich in dem anderen Menschen erfüllt sah? Habe ich ihn überhaupt wirklich erkannt und verstanden? Warum habe ich die Ratschläge sämtlicher Freunde missachtet und all ihre Zweifel ignoriert? Vielleicht aus Angst enttäuscht zu werden?

Beobachtungen aus der Praxis

Zunächst möchte ich Sie an dem teilhaben lassen, was ich in den letzten zwanzig Jahren in der Beratung von Paaren und Einzelpersonen beobachten konnte. Ich habe die Erfahrung gemacht, dass sich viele Menschen sehr unsicher verhalten, wenn es um das Thema Partnerschaft geht, und dass die wenigsten durchschauen, was ihnen im Zusammenhang mit Liebe und Partnerschaft eigentlich am schwersten fällt. Die wenigsten fragen sich, warum sie überhaupt eine Partnerschaft suchen, welche Art von Partner zu ihnen passen könnte, was darüber entscheidet, ob eine Partnerschaft für sie erfolgreich und erfüllend werden kann, und wie sie eine solche Partnerschaft finden könnten.

Die meisten Paare, die gemeinsam zu einer Beratung kamen, weil sie hofften, ich könne ihnen helfen, ihre angeschlagene Partnerschaft zu kitten, überraschten mich damit, dass sie so selbstverständlich davon ausgingen, dies sei grundsätzlich ein gutes Ziel. Selten hatten sich die Partner vorher gefragt, ob es sich überhaupt lohnte, die Partnerschaft zu erhalten, ob sie noch genügend Liebe füreinander empfanden, ob ihnen die Partnerschaft überhaupt noch gut tat oder welche Art von Partnerschaft ihnen vorschwebte und ob sie es für möglich hielten, eine solche Partnerschaft mit ihrem jetzigen Partner zu leben. Sie lebten vor allem in ihrer Vergangenheit, wollten das Vertraute irgendwie erhalten und eigentlich nur wissen, was sie gemeinsam dafür tun konnten oder – in extremen Fällen, in denen sich nur einer als Opfer fühlte –, was der Partner dafür tun sollte.

In einem konkreten Fall kam ein Ehepaar, etwa Mitte fünfzig. Beide Partner waren offenbar nur daran interessiert, ausführlich zu berichten, was der jeweils andere alles falsch macht oder gemacht hat, wie ungerecht er sich selbst behandelt fühlt und wie verletzt und enttäuscht er war. Dann sollte ich dem jeweils anderen Partner sagen, was der alles tun solle oder müsse, damit die Partnerschaft wieder schön funktionieren könne. Meine »hilfreichen« Kommentare sollten stets dazu beitragen, dass der andere seine Schuld am allmählichen Untergang der Partnerschaft erkannte. Ich nahm mir jedoch die Freiheit, die Schimpfkanonaden der beiden Enttäuschten dadurch zu unterbrechen, dass ich eine einfache Frage stellte.

Zunächst fragte ich die Frau, was sie denn an ihrem Partner im Moment noch so sehr liebe, dass sie dafür bei ihm bleiben wolle. Sie stutzte, überlegte eine Weile und sprach dann davon, wie liebevoll ihr Partner sich früher immer um sie gekümmert habe, wie verlässlich er immer gewesen sei und wie rücksichtsvoll. Sie sagte nichts über die Gegenwart, sondern beschrieb nur, was früher alles schön an der Partnerschaft gewesen war. Als ich mehrmals nachhakte, was sie denn jetzt, in der Gegenwart an ihrem Partner liebe, fiel ihr nichts mehr ein.

Sie begann sich zu wiederholen und betonte noch einmal, ihr Partner sei immer für sie da gewesen und habe sie bewundert, egal, was sie getan habe. Jetzt allerdings habe er an allem, was sie tue, etwas auszusetzen, und das gebe ihr das Gefühl, sie mache alles falsch. Als ich ihm die gleiche Frage stellte, schweifte er ebenfalls ständig in die Vergangenheit ab und fand aktuell nichts Liebenswertes an seiner Frau.

Ich fragte die beiden ganz offen: »Wenn ihr keine Liebe mehr füreinander empfindet, warum seid ihr dann hier? Warum liegt euch dann noch etwas an einem gemeinsamen Weg?«

Sie schauten sich sprachlos an und waren vermutlich selbst schockiert darüber, dass sie diese grundsätzliche Frage nach ihrer Liebe und dem weiteren Sinn ihrer Partnerschaft nie gestellt oder aus Angst vor den Konsequenzen nie zu stellen gewagt hatten. Nach einer Weile sagten sie: »Vielleicht nur aus Angst, etwas Vertrautes zu verlieren, auch wenn es schon längst nicht mehr da war. Aus Angst allein zu sein oder wieder ganz neu anfangen zu müssen. Aus Angst, einen neuen Partner suchen und sich erst wieder an ihn gewöhnen zu müssen.« Im folgenden Gespräch erkannten sie ganz schnell, dass es die verschiedensten Ängste waren, die verhinderten, dass sie sich diese grundsätzlichen Fragen nach Liebe und Sinn in ihrer Partnerschaft stellten, obwohl sie ihre Beziehung gegenwärtig als Katastrophe empfanden und weder Achtung noch

Liebe mehr für ihren Partner empfanden. Sie wollten einfach nur etwas wiederbeleben, was schon lange vorbei war und in dieser Form wohl auch nicht mehr wiederkommen würde. Aber das wollten sie nicht wahrhaben.

Allerdings waren sie sich jetzt nicht einmal mehr sicher, ob sie sich jemals geliebt hatten oder ob sie es nicht schon immer einfach nur bequem miteinander hatten haben wollten und deshalb zu Beginn so sehr füreinander da gewesen waren. Hatten sie vielleicht nur das geliebt, was sie in der Beziehung bekamen, und gar nicht unbedingt den Menschen, von dem sie es bekamen?

Diese Erkenntnis erschütterte die beiden so sehr, dass sie das Gespräch beenden wollten, um ihren Weg von nun an konsequent allein zu gehen. Sie dankten mir und fühlten sich beide irgendwie erleichtert – trotz der Schwere der Erkenntnis.

Fälle wie diese – und es gibt viele davon – haben mir deutlich gemacht, wie selten Menschen ihre gegenwärtige Beziehung zu anderen Menschen grundsätzlich hinterfragen. Sie leben in der Vergangenheit, in Projektionen oder in Ängsten, die ihre Sicht auf das, was ist, vernebeln. Vertrautes wird häufig als gut empfunden, weil man es nun mal kennt und weil es vielleicht mal gut gewesen ist, doch selbst das trifft nicht immer zu. Wer verliebt ist oder zu lieben glaubt, fragt sich selten, in was genau er denn so verliebt ist und was er von einer langfristigen Beziehung mit dem oder der Geliebten erwartet oder erwarten kann. Und wie spürt man, wann in einer Beziehung etwas nicht mehr da ist? Oder woher weiß man, wonach man in einer Beziehung suchen soll?

Oft kommen Menschen zu mir, weil sie gern in einer guten Partnerschaft leben würden, aber einfach keinen

Partner finden – zumindest keinen, bei dem sie sich wohl fühlen und der sie ebenfalls gern hat. Wenn ich diese Menschen zum Beispiel frage »Warum willst du denn überhaupt einen Partner finden? Was erwartest du von einer Partnerschaft? Wie soll dein Partner sein? Wie willst du dich mit ihm fühlen? Was bedeutet Liebe für dich?«, kommen oft erschreckend flache Antworten, wie zum Beispiel diese: »Alle wollen doch eine Partnerschaft, wir sind nun mal nicht für das Alleinsein gemacht. Ohne Partnerschaft ist das Leben sinnlos. In der Partnerschaft will ich frei sein. Ich will lieben und geliebt werden. Ich will einen Partner, der zuhören kann. Er soll meinem Schönheitsideal entsprechen und erfolgreich sein. Ich will glücklich sein in der Partnerschaft.«

Natürlich sind solche Antworten irgendwie nachzuvollziehen, aber sie sind auch sehr klischeehaft und deuten darauf hin, dass sich derjenige, der sie gibt, bis jetzt kaum konkrete Gedanken gemacht hat – weder über Liebe und Partnerschaft noch über sein eigenes Leben, also darüber, wie er leben will und was er erreicht haben möchte, bevor er stirbt.

Und weil dies so ist, tun viele Menschen so, als erfülle die Partnerschaft an sich einen Zweck und als sei alles in Ordnung, solange es eine Partnerschaft gibt und man in ihr keine allzu großen Probleme hat. Aber wie kann jemand, der sich so wenig Gedanken über seine Sehnsüchte und seine Lebensabsicht macht, ein erfülltes Leben führen und eine erfüllte Partnerschaft in dieses Leben ziehen?

Vor Jahren kam eine Frau, Mitte vierzig, mit einem gesundheitlichen Problem an der Bauchspeicheldrüse zu mir als Heiler. Es war nicht ihre Absicht, über ihr Leben oder ihre Partnerschaft nachzudenken. Schon gar nicht wollte sie etwas Grundsätzliches in ihrem Leben verändern. Nur ihr Problem mit der Bauchspeicheldrüse, das wollte sie loshaben.

Wer sich schon einmal mit den psychosomatischen Aspekten von Krankheiten auseinander gesetzt hat, weiß, dass Krankheiten im Bereich der Bauchspeicheldrüse – beispielsweise Diabetes – auf Probleme im Gefühlsbereich der betreffenden Person hinweisen. Zum Beispiel könnte die erkrankte Person sehr sensibel sein und als Kind zu wenig Liebe in Form von Zuwendung und Zärtlichkeit bekommen haben. In der Folge versuchte sie dann vielleicht, sich Liebe zu erkaufen, und zwar durch eine übergroße Bereitschaft, die Erwartungen anderer Menschen, insbesondere ihrer Eltern zu erfüllen und ein »liebes Kind« zu sein – brav, zugänglich und hilfsbereit –, nur um zu erkennen, dass ihre Leistungen vielleicht akzeptiert wurden, aber nicht unbedingt auch sie selbst als Mensch. Es könnte sogar sein, dass immer mehr Erwartungen und Ansprüche von außen an die Person herangetragen wurden und sie in Relation zu dem, was sie gab, immer weniger an Zuwendung bekam. Das könnte dazu geführt haben, dass sich die Person allmählich gekränkt und verletzt in sich selbst zurückzog, womöglich mit dem Gedanken, sie habe es nicht besser verdient. Irgendwann könnte sie dann resigniert und die Ausweglosigkeit ihrer Situation dadurch erträglicher zu machen versucht haben, dass sie ihre Gefühle mehr und mehr verdrängte und ihr Herz verschloss. Liebe und Anerkennung wollte sie zwar nach wie vor haben, doch mit dieser Erwartungshaltung bekam sie immer weniger davon. Und irgendwann konnten die Gefühle gar nicht mehr fließen. Sie hörte nicht nur auf, Gefühle zu geben, sie konnte auch keine Gefühle mehr von anderen annehmen.

Diese Art von Gefühlsblockade in Verbindung mit einer ausgeprägten Vorwurfshaltung kann sich irgendwann psychosomatisch äußern, zum Beispiel als Bauchspeicheldrüsenproblem. Damit die Heilkräfte der betreffenden Person wieder in Gang kommen können, ist es nun wichtig, dass sie lernt, ihre Sehnsüchte zu entdecken und zu leben, sich nicht mehr von der Akzeptanz anderer Menschen abhängig zu machen, integer zu sein und sich selbst zu achten und zu lieben. Unabhängig davon, was andere von ihr halten, sollte sie stets tun, was ihr selbst wichtig ist. Natürlich muss sich eine solche Person auch fragen, wo ihre Sehnsüchte und Fähigkeiten liegen, was sie an sich selbst gut findet und vor allem, welche Art von Leben sie führen möchte und welche Rolle andere Menschen, insbesondere ein Partner, in diesem Leben spielen könnten.

Vor diesem Hintergrund, den ich auch meiner Klientin vorsichtig nahe bringen wollte, stellte ich zu Beginn der Beratung die harmlose Frage: »Wie sehen Sie Ihre Ehe?«

»Normal«, sagte sie.

Ich fragte nach, was sie denn unter einer normalen Ehe verstehe, und ihre Antwort kam prompt: »Wir haben keine größeren Probleme. Mein Mann ist zuverlässig und lässt mir meinen Freiraum. Er geht nicht fremd – glaube ich –, schafft ein finanziell sicheres Umfeld, und auch wenn wir nicht allzu viel zusammen unternehmen, ist doch alles recht harmonisch. Auch unsere Kinder haben sich gut entwickelt, sind jetzt aber schon selbstständig.«

Diese Antwort machte mir zwei Dinge deutlich: (1) In der Beziehung zu ihrem Mann gab es keine gefühlsmäßigen Höhepunkte. Beide lebten relativ gemütlich nebeneinander her und hatten alles gut im Griff. Ihr Leben war sicher und überschaubar. (2) Persönliche Leidenschaften und Sehnsüchte wurden nicht gesucht und nicht ausgelebt, zumindest nicht gemeinsam.

Und doch saß sie hier mit einem Bauchspeicheldrüsenproblem, das auf ein unbefriedigtes oder nicht ausgelebtes Gefühlsleben hindeutete. Und ihre Antwort spiegelte dieses Problem genau wider, denn sie lebte in einem gefühlsmäßig eingeschläferten, aber scheinbar angenehmen Zustand und suchte bewusst auch nichts anderes. Sie investierte nicht groß in Gefühle, wurde aber auch selbst nicht groß von Gefühlen berührt.

Das sagte ich ihr allerdings nicht direkt, denn ich habe die Erfahrung gemacht, dass die meisten Menschen ihre resignierte Haltung zum Leben – auch zu Partnerschaften und zu sich selbst – sehr hartnäckig verteidigen, wenn man sie darauf anspricht, wahrscheinlich aus der unbewussten Angst heraus, sie könnten erkennen, dass etwas in ihrem momentanen Leben nicht so gut ist, und müssten dann letztlich etwas daran ändern. Und genau davor haben sie in der Regel große Angst. Diese Angst vor Veränderung oder auch davor, zugeben zu müssen, dass man schon lange etwas falsch gemacht hat und es vielleicht sogar wusste, ist ziemlich verbreitet. Dahinter steckt die Angst, etwas Vertrautes zu verlieren und mit dem Neuen und Unbekannten vielleicht nicht umgehen zu können.

Ich lenkte das Gespräch also zunächst auf ihre Kindheit und half ihr, sich an Dinge zu erinnern, die sie damals begeistert hatten. Wir sprachen über Blumenkränze, Sternenhimmel, Tiere und Pflanzen, über beste Freundinnen, Lieblingsspiele und die Träume, die sie damals gehabt und von denen sie immer gehofft hatte, sie würden eines Tages in Erfüllung gehen.

Nachdem all diese Erinnerungen ihr Gesicht irgendwann zum Strahlen gebracht hatten, lenkte ich ihre Phantasie allmählich auf das Thema Partnerschaft und fragte sie, ob sie es gut fände, wenn ein Mann seine Frau spontan anrufen und sagen würde: »Liebling, zieh dein schönstes Kleid an, oder, noch besser, kauf dir ein schickes Kleid für heute Abend. Ich habe ein neues, wunderschönes Restaurant ausfindig gemacht, das ich dir gern zeigen möchte. Ganz feines Essen erwartet uns. Und wir werden so verwöhnt werden, wie du es gern hast. Wir treffen uns dort. Nimm ein Taxi, weil ich es vorher nicht nach Hause schaffe.« Ein wenig Abenteuer, ein wenig Romantik, ein wenig Aufmerksamkeit! Sie war sehr angetan von dieser Vorstellung, hätte es aber noch schöner gefunden, wenn der Mann seine Frau selbst abgeholt hätte.

Dann beschrieb ich ihr, wie ein Mann vor der Haustür steht und mit der Nase klingeln muss, weil er beide Hände hinter dem Rücken verschränkt hat, um die Frau, sobald sie die Tür öffnet, mit zwei riesigen Blumensträußen zu überraschen – als Ausgleich dafür, dass er vergessen hat, den Tag ihrer ersten Begegnung mit ihr zu feiern. Sie lächelte wieder und fand diese Vorstellung sehr süß und romantisch.

Dann breitete ich noch eine Phantasie vor ihr aus: Ein Mann ruft seine Frau an und bittet sie, für das kommende Wochenende nichts zu planen, weil er zwei Eintrittskarten gekauft hat. Am Abend sagt er ihr dann, dass es sich dabei nicht um einfache Eintrittskarten handelt, sondern um Karten für Disneyworld Paris mit Flug und Hotel, und dass er diese Karten gekauft hat, weil er mal wieder was ganz Leichtes und Fröhliches, völlig Sinnloses und Verspieltes mit ihr machen will, wie sie es früher so oft getan haben.

In ihrem Gesicht spiegelten sich all ihre kindlichen Sehnsüchte wider. Und genau in dem Moment störte meine gemeine Frage nach solchen Unternehmungen in ihrer Partnerschaft die Stimmung. Ihr Blick verfinsterte sich auf der Stelle, und sie sagte: »So was macht mein Mann nie! Das passt gar nicht zu ihm.«

»Aber Sie würden es doch gut finden«, bohrte ich nach.

»Schon, aber er ist nun mal nicht so.«

»Aber wünschen Sie sich solche oder ähnliche Erlebnisse denn nicht in Ihrer Partnerschaft? Haben Sie Aktionen wie diese je selbst vorgeschlagen oder Ihren Mann wissen lassen, dass sie daran Freude hätten? Vielleicht mag er so etwas ja auch und ist nur noch nie auf die Idee gekommen.«

Sie wurde immer unruhiger und gab schließlich ein paar Dinge über ihre Partnerschaft preis, die ihr selbst offenbar erst jetzt ganz klar geworden waren:

- Sie war die Partnerschaft hauptsächlich eingegangen, um jene Liebe und Geborgenheit zu finden, die sie in ihrem Elternhaus vermisst hatte. Dafür war sie bereit gewesen, sich anzupassen und ihren Beitrag zu leisten.
- Dass eine Partnerschaft möglicherweise mehr bieten könnte als einen vertrauten Rahmen, in dem man sich sicher fühlt, hatte sie bislang nie in Erwägung gezogen. Vielleicht hatte sie eine solche Betrachtungsweise auch für zu bedrohlich gehalten.
- Viele Aspekte, wie etwa die Lust an der Veränderung, an Abenteuer und Spiel; das Gefühl, als Frau wahrgenommen zu werden und attraktiv zu sein, oder die Gewissheit, einen Partner für gemeinsame Unternehmungen und Erlebnisse zu haben und von ihm inspiriert

und unterstützt zu werden, hatten in ihrer Partnerschaft bislang keinen Raum gehabt. Allerdings hatte sie auch nicht bewusst danach gesucht.

- Die Zuverlässigkeit und das Wohlwollen ihres Partners hatten sie darüber hinweggetäuscht, dass sie ihr Leben als langweilig empfand. Aber in Wirklichkeit war es ein Leben, das sie nicht berührte. Und sie konnte auch nicht darauf hoffen, dass sich daran jemals etwas ändern würde.
- Sie fühlte sich bei ihrem Mann aufgehoben, aber Liebe und ein tiefes Verständnis dafür, wie sie fühlte, was sie dachte und was ihre Fähigkeiten und Sehnsüchte waren, konnte sie von ihm nicht erwarten.
- Auch ihre Sexualität entbehrte jeder Leidenschaft. Früher hatte er vor allem seine eigenen Bedürfnisse befriedigt, ohne sie als Frau jemals wirklich wahrzunehmen. Heute hatten sie nur noch selten sexuellen Kontakt, und wenn, dann war es fast nur noch eine relativ lustlose Pflichtübung, zumindest auf ihrer Seite.
- Sie betrachtete ihren Mann als guten Freund, und sie wollte den geschützten Rahmen dieser Freundschaft auf jeden Fall bewahren, aber andererseits bekam sie als Frau und vor allem als Mensch mit Sehnsüchten und Phantasien aus seiner Richtung keine Impulse, die sie lebendig machten.

Nun versuchte ich ihr zu erklären, dass Probleme mit der Bauchspeicheldrüse darauf hinweisen, dass ein Mensch gefühlsmäßig verhungert ist. Und das heißt, dass er weder seine eigenen Gefühle in entsprechenden Aktionen zum Ausdruck bringt noch den Eindruck hat, dass er von außen mit Anerkennung, Bewunderung und Leidenschaft genährt wird. Das geht so weit, dass er schließlich gar keine Gefühle mehr zulassen oder annehmen will und in einem Zustand stiller Resignation verharrt, der vielleicht noch verstärkt wird durch Wut, Enttäuschung und Bitterkeit, wie sie entstehen, wenn man sich als Opfer einer bestimmten Situation empfindet.

»Und was soll ich jetzt tun? Etwa meinen Mann verlassen und dann gar nichts mehr haben?«, fragte sie entrüstet, aber auch ein wenig ängstlich.

»Vielleicht, aber erst dann, wenn Sie Ihre Sehnsüchte und Ihre Erwartungen an das Leben entdeckt und herausgefunden haben, ob Sie diese vielleicht gemeinsam mit Ihrem Mann erfüllen könnten. Vielleicht würde das sogar zu einer sehr intensiven neuen Beziehung mit ihm führen, die Sie sich bis jetzt noch gar nicht vorstellen können. Vielleicht hat Ihr Mann unbewusst auch viel mehr von einer Partnerschaft erwartet, genau wie Sie, ist tief innen auch viel lebendiger und kam nur, ähnlich wie Sie, nie auf die Idee, diese Lebendigkeit in der Partnerschaft zu leben. Er hat sich stattdessen intensiv in seinen Beruf geworfen – als Ausgleich gewissermaßen, den Sie nicht hatten. Wenn Sie Ihre Sehnsüchte kennen und genau wissen, dass Sie nicht alle mit Ihrem Mann ausleben können, können Sie einige vielleicht auch mit Freundinnen und Freunden ausleben. Aber wenn Sie Ihre Sehnsüchte nie kennen lernen, werden Sie innerlich immer mehr vertrocknen. Und übrigens, es gibt selten einen einzelnen Menschen, mit dem man all seine Sehnsüchte teilen kann.«

Wir sprachen noch viel über Sehnsüchte und am Ende des Gespräches sah sie ein, dass ihr Gesundheitsproblem vielleicht wirklich ein Spiegel ihrer gefühlsmäßig frustrierten Haltung dem Leben und der Liebe gegenüber war. Wenn sie das Problem lösen wollte, musste sie sich Klarheit darüber verschaffen, was sie von ihrem Leben wollte und welche Rolle die Partnerschaft dabei spielen konnte. Bisher hatte sie nie so gedacht. Sie hatte ihre Partnerschaft als Ort der Sicherheit und der Ruhe betrachtet, nicht mehr. Auch den Gedanken, dass Sicherheit und Ruhe aus anderen Quellen kommen können als aus einer Partnerschaft, vielleicht sogar aus ihr selbst, hatte sie nie in Erwägung gezogen.

In Gesprächen wie diesen wird deutlich, dass Partnerschaft mit dem »normalen« Weg durchs Leben zu gehen und im Leben zu bestehen gleichgesetzt wird. Ob diese Partnerschaft von Liebe geprägt ist oder was Liebe in ihrem Zusammenhang überhaupt bedeutet, spielt dabei nur eine untergeordnete Rolle, obwohl die meisten Menschen davon überzeugt sind, dass ihre Partnerschaft in Liebe begonnen hat. In der Regel war es aber wohl eher eine Verliebtheit, denn Liebe geht mit der Zeit nicht verloren. Sie hat eine tiefe, zeitlose Qualität.

Wo ist der/die »Richtige«?

Es kommen auch viele Menschen zu mir, die Liebe suchen – Liebe zu und von einem Menschen, die, wie sie glauben, nur in einer Partnerschaft zu finden ist. Aber den »richtigen« Partner finden sie nicht. Sie wissen einfach nicht, wonach sie suchen sollten oder was sie ausstrahlen könnten, um ihn anzuziehen. Auch haben sie keine Vorstellung davon, welche Rolle ein Partner in ihrem Leben spielen sollte, weil sie nicht einmal wissen, was sie sich selbst vom Leben erhoffen. Sie wissen nur, dass sie in ihren bisherigen Partnerschaften nicht glücklich waren, aber warum genau wissen sie nicht.

Manche haben auch überhaupt noch nie einen Menschen getroffen, den sie mochten und der eine Partnerschaft mit ihnen eingehen wollte. »Wie findet man den Richtigen oder die Richtige?«, fragen sie sich. »Und was ist überhaupt Liebe? Wie kann man sie finden – und leben?«

Vielleicht suchen auch Sie als Leser dieses Buches eine erfüllende Partnerschaft, Liebe, Zärtlichkeit und Geborgenheit und möchten wissen, wie man all das findet. Vielleicht fragen Sie sich auch, was Liebe ist, diese Energie, nach der alles Leben strebt.

Sie werden in diesem Buch Antworten finden, aber vielleicht sind diese nicht ganz so leicht verdaulich wie Sie dachten.

Die Nachteile einer Partnerschaft

Darf ich Ihnen eine provozierende Frage stellen? Haben Sie sich jemals klar gemacht, wie viele Nachteile eine Partnerschaft haben kann, wie viele Probleme man sich damit aufhalst und wie viel Energie man braucht, um diese Nachteile auszugleichen, damit die Partnerschaft letztendlich doch lohnend und sinnvoll wird?

»Wieso Nachteile?«, fragen Sie sich jetzt vielleicht.

Dass das Leben in einer Partnerschaft von der Gesellschaft als erstrebenswert dargestellt wird, sagt überhaupt nichts darüber aus, wie gut sie uns tut. Auch die Rollen, die wir in einer Partnerschaft spielen oder bis es dazu kommt, werden uns oft einfach vom Zeitgeist übergestülpt. Selten fragen wir uns, ob wir diese Rollen wirklich spielen wollen.

Es überrascht daher nicht, dass sich in den vielen Gesprächen, die ich in meiner Praxis über Partnerschaften geführt habe, viele sehr offensichtliche Nachteile des partnerschaftlichen Zusammenlebens herauskristallisiert haben, zum Beispiel:

- Die Zeit, die ich vorher für mich allein hatte und beliebig nutzen konnte, nimmt jetzt auch der Partner in Anspruch.
- Oft muss ich Gespräche führen, die mich nicht interessieren; mir Probleme anhören, die nicht meine eigenen sind; erklären und begründen, warum ich was gesagt oder getan habe.
- Ich muss mich mit meinem Partner darüber abstimmen, an welchem Ort wir wohnen, wie die gemeinsame Wohnung eingerichtet wird und wer wann zu Besuch kommen kann.
- Ich muss meinen Tagesrhythmus dem meines Partners anpassen.
- Wenn ich der Hauptverdiener bin, muss ich mein Geld durch zwei teilen.
- Meine Privatsphäre wird beschnitten. Geheimnisse zu bewahren wird schwierig, denn in einer festen Verbindung wird Offenheit erwartet.
- Ich sehe mich ständig kritischen Betrachtungen ausgesetzt, gegen die ich mich entweder abgrenzen muss oder die ich berücksichtigen soll.
- Ich muss meine Spontaneität einschränken, damit ein sinnvolles Miteinander möglich wird.
- Ich werde von den Stimmungen und Launen meines Partners beeinflusst.

Es wird Ihnen sicher nicht schwer fallen, diese Liste beliebig fortzuführen, wenn Sie selbst in einer Partnerschaft leben oder Einblick in die Partnerschaft Ihrer Freunde haben.

Wenn ich Menschen, die sich mit dem Thema Partnerschaft auseinander setzen, frage, was ihnen daran am wichtigsten erscheint, lautet die bei weitem häufigste Antwort: »Ich will frei sein und Liebe erfahren.« Aber sind wir nicht viel freier ohne feste Partnerschaft? Können wir nicht viele Menschen lieben und von vielen Menschen Liebe bekommen?

Indem wir unsere Freiheit beschneiden, weil wir uns anpassen und Dinge tun, die wir eigentlich lieber nicht tun wollen, oder weil wir uns davon abhalten lassen zu tun, was wir eigentlich gern tun würden, berauben wir uns unserer Energie und unserer Freude am Leben. Und doch geschieht in Partnerschaften oft genau das, weil beide Partner freiwillig Strukturen akzeptierten und bestimmte Sichtweisen über Partnerschaften unkritisch von ihren Eltern oder dem Zeitgeist übernehmen.

Auf einer tieferen Ebene aber sind wir energetische Wesen, und zwar in dem Sinne, dass wir für alles, was wir in unserem Leben erfolgreich tun wollen, Energie brauchen. Wir brauchen Energie, um gesund zu bleiben oder Krankheiten überwinden zu können, denn jede Krankheit beginnt mit einem Mangel an Energie oder mit Störungen im Energiefluss. Auch wenn wir beruflich erfolgreich sein wollen, brauchen wir Energie – nicht nur für unsere Durchsetzungs- und Konzentrationsfähigkeit, sondern auch, weil ohne Energie aus Ideen keine Visionen werden und weil sich Visionen auch nur durch ihre kraftvolle Umsetzung manifestieren. Ohne Energie haben wir keine Ausstrahlung, wirken nicht auf andere Menschen und sind nicht attraktiv. Wenn wir keine Energie haben, schwinden auch unsere geistigen Fähigkeiten dahin: unsere Ausgeglichenheit und unsere Flexibilität, unsere Phantasie und unsere Motivation. Ohne Energie wird ein Mensch müde, und genauso müde wird auch sein Umfeld und sein Leben, das er bewusst oder unbewusst gestaltet.

Nun kann man sich fragen, warum ein klar denkender Mensch überhaupt eine feste Verbindung eingehen sollte, in der er nicht mehr frei ist, nicht mehr all das tun kann, was ihm entspricht und Freude macht, und damit letztendlich nur Energie verliert? Und eigentlich muss die Antwort lauten: Er sollte sich besser nicht auf eine solche Verbindung einlassen oder nur dann, wenn er in der Partnerschaft deutlich mehr Energie und Freude bekommt, als er ohne weiteres auch allein bekommen könnte. Letzteres scheint in den vielen Partnerschaften, in die ich bis jetzt gründlich Einblick nehmen konnte, aber höchst selten der Fall zu sein, obwohl es leichter möglich wäre, als sich bis jetzt vermuten lässt, wie ich später noch zeigen werde.

Warum wird so selten oder wenn, dann erst viel zu spät etwas gegen den Energieverlust in Partnerschaften unternommen? Ich glaube, dass der Freiheits- und Energieverlust in Partnerschaften, in denen kein energetischer Ausgleich stattfindet, deshalb hingenommen wird, weil er nicht direkt auffällt. Das kommt zum einen daher, dass Partnerschaften selten unter energetischen Gesichtspunkten betrachtet werden, und hat zum anderen viel damit zu tun, dass Menschen überhaupt selten auf ihre Energie achten und sich so verhalten, wie es ihren Fähigkeiten und Sehnsüchten entspricht. Neigen wir nicht alle dazu, die Rollen zu spielen, die wir unbewusst oder auch absichtlich von unseren Eltern oder anderen Menschen aus unserem ersten Umfeld übernommen haben? Tun wir nicht gern, was andere tun, weil wir dazu gehören wollen und uns Achtung, Akzeptanz und Liebe davon erhoffen?

Demjenigen, der sich erst einmal daran gewöhnt hat, Rollen zu spielen und sich anzupassen, ist seine geistige Freiheit und seine natürliche, seinem Wesen entsprechende Art mit dem Leben umzugehen, meist kaum noch bewusst. Daher kann er auch kaum noch erkennen, dass er in der Partnerschaft seine Freiheit verliert. Im Gegenteil: Weil er für seine Anpassungsfähigkeit sogar noch die Achtung seiner Mitmenschen bekommt, fühlt er sich subjektiv gut und erfüllt.

Keine Probleme oder lieber eine Partnerschaft, die mir gut tut?

Ich sagte es bereits: Eine Partnerschaft scheint mir nur erstrebenswert, wenn sie beiden Partnern Energie gibt und ihnen hilft, frei und glücklich zu sein und das zu erleben und zu fühlen, was ihnen wirklich entspricht. Nach einer solchen Partnerschaft gilt es zu suchen, doch bevor man sie suchen oder finden kann, muss man sie sich zum Ziel setzen.

Leider sind die meisten Menschen so in ihren Rollen gefangen, dass sie sich nie fragen, was ihnen wirklich gut tut. Sie suchen lieber nach Sicherheiten und lassen ihr Leben von Ängsten bestimmen statt von Sehnsüchten. In ihrem Leben scheint es nur darum zu gehen, Probleme zu reduzieren. Aber kaum Probleme zu haben ist nicht das Gleiche wie sich am Leben zu freuen. Und eine problemlose Partnerschaft ist nicht unbedingt eine Partnerschaft, die uns im Herzen berührt.

Doch Liebe ist eine Energie, und solange unser Leben nur darauf ausgerichtet ist, Probleme zu reduzieren und

Ängste abzubauen, haben wir keine Chance, Liebe zu finden. Freude, Freiheit und Liebe gehören zusammen, auch und ganz besonders in der Partnerschaft.

Übung
Meine Erfahrungen mit dem Thema Partnerschaft

Bevor Sie jetzt weiter lesen, möchte ich Sie bitten, Ihre eigenen Antworten auf die folgenden Fragen zu finden. Sie können Ihnen helfen zu erkennen, welche der in Partnerschaften typischen Rollen Sie vielleicht ganz unbewusst bisher gespielt haben.

1. Warum habe ich bisher eine Partnerschaft gesucht?

Wollte ich

- ○ Geborgenheit
- ○ Sicherheit
- ○ Gesellschaft und Geborgenheit
- ○ sicheren oder befriedigenden Sex
- ○ Hilfe
- ○ einen Gesprächspartner
- ○ finanzielle Unterstützung
- ○ Freiheit durch Unterstützung
- ○ eine Familie mit Kindern (später)
- ○ jemanden, der die Verantwortung mit mir teilt
- ○ Hilfe bei einer oder mehreren Entscheidungen
- ○ ein besseres Leben (das ich mir allein nicht zutraue zu erreichen)
- ○ Liebe, Anerkennung, Zärtlichkeit
- ○ ein ruhiges Leben?

2. Wie sind meine Partnerschaften bisher verlaufen?

Erlebte ich
- ○ Enttäuschung
- ○ Kränkung
- ○ Ablehnung
- ○ Verunsicherung
- ○ Verlustängste
- ○ Missbrauch
- ○ sexuelle Enttäuschung
- ○ Kritik
- ○ Abhängigkeit
- ○ doppelte Verantwortung
- ○ Entscheidungsnot
- ○ Vereinsamung im Umfeld
- ○ Fixierung
- ○ Hass
- ○ Verachtung
- ○ Grobheit?
- ○ Oder haben sich meine Hoffnungen erfüllt?

3. Warum hatte ich bisher noch keine Partnerschaft?

Habe ich nicht nach einer Partnerschaft gesucht
- ○ weil ich Angst hatte zu versagen
- ○ weil ich zu schüchtern war
- ○ weil ich das Gefühl hatte, nicht liebenswert zu sein
- ○ weil ich mich nicht attraktiv genug fühlte
- ○ weil ich Verlustangst hatte
- ○ weil ich Angst vor Ablehnung hatte
- ○ weil ich Angst hatte, mich zu verlieren

- weil mir eine Partnerschaft weniger wichtig war als andere Aspekte des Lebens
- weil ich keine Zeit oder keine Gelegenheit dazu hatte
- weil ich nicht wusste, wonach ich suchen soll
- weil es mir zu anstrengend war?

Teil 2

Sich in Rollen verlieren

Was uns Menschen wesentlich von allen anderen Lebewesen auf der Welt unterscheidet, ist unser freier Wille – die Fähigkeit, unsere Gedanken, Gefühle und Handlungen beliebig zu lenken und damit unser Leben frei zu gestalten. Anders als Tiere, Pflanzen und Mineralien, die dem Ruf ihres Instinktes folgen müssen oder biologischen Gesetzmäßigkeiten, die sie weder erkennen noch kontrollieren können, steht es uns Menschen frei zu essen, was wir wollen und wann wir es wollen, zu schlafen wann, wo und wie wir wollen, uns fortzupflanzen, wann, wo, wie und mit wem wir wollen. Wir können uns kleiden und fortbewegen, wie wir wollen. Wir können wohnen, wie wir wollen. Es steht uns frei, unser Leben mit beliebigen Tätigkeiten zu füllen, die nichts mit unserem Überleben zu tun haben. Und wenn uns unser Leben nicht mehr gefällt, können wir es sogar absichtlich beenden. Auch unsere Partnerschaft könnten wir demnach frei wählen, wenn wir unsere Freiheit zu denken, zu fühlen und zu handeln wirklich nutzen würden.

Tatsächlich aber scheinen sich die meisten Menschen in den ersten Lebensjahren und in der Kindheit so sehr von den Eltern, vom Umfeld und vom Zeitgeist prägen zu lassen, dass sie sich überhaupt nicht mehr frei verhalten können, weder innerlich noch äußerlich. Früher oder später fallen wir fast alle in selbst entwickelte oder erlernte Automatismen, die unsere Wahrnehmung von der Welt und ihren Möglichkeiten ebenso prägen wie unser Verhalten uns selbst und der Welt gegenüber: Wir spielen Rollen, entfernen uns immer weiter von uns selbst und finden in diesem Zustand natürlich auch keine Partnerschaft, die zu uns und unserem Leben passt.

Das kann sich nur ändern, wenn wir erkennen, dass wir Rollen spielen, und sie dann auch ablegen können. Doch welche Rollen spielen wir?

Im Mutterbauch geborgen

Unsere erste Rolle haben wir alle wie von selbst angenommen, und zwar einfach durch die Art und Weise, wie unser Leben im Körper unserer Mutter begonnen hat. Anders als es die Astrologie und andere Wissenschaften über wirkende kosmische Energien darstellen, glaube ich, dass die äußeren Prägungen nicht erst mit der Geburt beginnen, sondern bereits mit der Zeugung und in den neun Monaten der Schwangerschaft, und zwar ganz unabhängig davon, ob wir glauben, dass sich unser Bewusstsein während unseres körperlichen Wachstums im Mutterleib allmählich bildet, oder aber, dass wir ewiges Bewusstsein sind, das schon vor der Zeugung existiert hat und nach dem Tod weiter existieren wird, wovon ich persönlich überzeugt bin. Im Mutterleib erleben wir uns nach und nach als körperliches Wesen, auf jeden Fall aber ab etwa dem dritten Schwangerschaftsmonat, in dem sich auch entscheidet, ob der Wachstums- und Entfaltungsprozess im Mutterleib weitergeht oder ob sich das neue Bewusstsein aus diesem Leben zurückzieht und die

Mutter das Kind wieder verliert. Entscheidend für unsere Prägung in dieser Zeit ist, wie wir uns selbst im Verhältnis zur Welt außerhalb unseres kleinen Körpers erleben: Wir fühlen uns in der Gebärmutter geborgen und aufgehoben. Wir werden ernährt und beatmet, ohne dass wir aktiv etwas dazu beitragen müssen. Alles ist weich und warm. Die Einflüsse des ferneren Umfeldes, zum Beispiel Licht und Schall, dringen, gefiltert durch den Körper unserer Mutter, nur ganz sanft zu uns vor. Wir sitzen in einem gemütlichen, Geborgenheit gebenden Raum und nehmen die Welt aus sicherer Distanz wahr. Die Gefühle, Gedanken und Reaktionen unserer Mutter dringen zwar bis in unser Bewusstsein vor und werden irgendwie ein Teil von uns, aber wir brauchen in keiner Form aktiv zu werden, müssen uns nicht kümmern oder sorgen, sondern können einfach beobachten, wie die Welt auf unsere Mutter wirkt und wie sich unsere Mutter der Welt gegenüber verhält. Alles, was wir auf diese Weise miterleben, können wir für die Zukunft abspeichern, für unser eigenes aktives Leben. In diesem paradiesischen Zustand befinden wir uns zum Zeitpunkt unserer Geburt.

Aus dem Paradies vertrieben

Die Geburt ist eine Vertreibung aus dem Paradies. Wir werden gleichsam hinausgedrückt, manchmal auch hinausgezogen in eine kalte, fremde Welt. Ein fremder Mensch hält uns hoch und schlägt uns auf den Po, bis wir schreien und sich unsere Lungen schmerzlich mit Luft füllen. Und damit nicht genug. Nun wird auch noch die letzte Verbindung zu unserem ehemaligen Paradies gekappt. Die Nabelschnur wird durchtrennt, und der paradiesische Zustand scheint ein für alle Mal beendet. Diese Vertreibung aus dem Paradies ist zwangsläufig eine traumatische Erfahrung, nach der nichts jemals wieder so sein wird, wie es vorher war.

Nachdem wir unseren ersten Atemzug getan haben, dürfen wir nie wieder aufhören zu atmen, wenn wir weiterleben wollen. Statt wie vorher ruhig und sicher in unserem eigenen Raum zu sitzen, ganz und gar geborgen und in Einheit mit unserer Mutter, sind wir nun allen möglichen Einflüssen von außen ausgeliefert. Ständig machen sich irgendwelche Menschen an uns zu schaffen, fassen uns an, tragen uns herum, sprechen mit uns und wollen uns zu irgendwelchen Reaktionen bewegen. Alles erscheint unberechenbar und unkontrollierbar. Mit der Ruhe und dem Frieden ist es ein für alle Mal vorbei. Ungewissheit macht sich breit, vielleicht sogar Angst. Was wird wohl als Nächstes passieren? Die einfachste Möglichkeit, mit dieser dramatischen Veränderung umzugehen, besteht offenbar darin, sich in den Schlaf zu flüchten und damit das eigene Bewusstsein vor diesem Tumult zu bewahren. Das ist übrigens eine Strategie, die wir auch als Erwachsene häufig einsetzen, nämlich immer dann, wenn wir uns überfordert fühlen.

Als dramatischste Veränderung wird aber wohl die Tatsache empfunden, dass wir nicht mehr automatisch ernährt werden. Wir begreifen recht schnell, dass wir uns vom Zeitpunkt unserer Geburt an irgendwie bemerkbar machen müssen, wenn wir Hunger haben. Doch das ist gar nicht so einfach, denn nicht immer können wir unsere Bedürfnisse eindeutig zum Ausdruck bringen. Unser Wortschatz beschränkt sich zu Beginn noch auf ein klägliches Quäken, das offenbar sehr missverständlich ist. Wenn wir vor Hunger quäken, bekommen wir vielleicht die Brust. Dann ist alles gut. Manchmal bekommen wir aber auch nur den Schnuller oder noch schlimmer: Die Windel wird gewechselt. Und wahrscheinlich stellen wir zu allem Überfluss bald fest, dass wir mit unserem Quäken nicht immer gut ankommen, vor allem dann nicht, wenn es verzweifelt klingt, zu laut ist und sich vielleicht auch noch nachts zu Gehör bringt oder wenn die Mutter gerade in Eile ist, unter Stress steht oder »Wichtigeres« zu tun hat.

Wir beginnen zu begreifen, dass es offenbar darauf ankommt, sich auf die richtige Weise und zum richtigen Zeitpunkt bemerkbar zu machen, wenn man möchte, dass die eigenen Bedürfnisse zuverlässig befriedigt werden. Aber das ist uns kaum möglich, weil sich unser Hunger zu unterschiedlichsten Zeiten meldet und die anderen Bedürfnisse auch. Wir haben einen anderen Rhythmus als unser Umfeld. Also bauen wir Schuldgefühle auf, wenn wir uns scheinbar unpassend verhalten haben, und versuchen in Zukunft das Problem dadurch zu lösen, dass wir auf äußere Zeichen der Mutter achten: ein Lächeln, ein Streicheln, in liebevollem Tonfall gesprochene Worte, also alles, woraus wir schließen können, dass sie uns liebt und für uns da ist.

Während wir uns im Mutterleib sicher und geborgen fühlen konnten, ohne selbst etwas dafür tun zu müssen, glauben wir uns nun von der Liebe und Zuwendung des Umfeldes und vor allem unserer Mutter abhängig. Wir verhalten uns zunehmend so, dass wir im Außen möglichst gut ankommen, denn nur dann – so glauben wir – können wir uns geliebt und geborgen, sicher und ernährt fühlen. Sicherheit – gefühlsmäßig und materiell – ist unser Hauptziel in einer Welt, die wir als zunehmend bedrohlich und verunsichernd empfinden. Die Sehnsucht nach einem Ersatz für das verlorene Paradies bestimmt unser Verhalten irgendwann so sehr, dass man den Eindruck haben könnte, es gehe im Leben nur darum, möglichst sicher zu überleben. Die Frage, wozu wir überhaupt hier sind und wie wir gern leben würden, stellt sich dann gar nicht mehr. Wir sind völlig auf materielle und emotionale Sicherheit fixiert und wollen einfach nur einen Ersatz für das verlorene Paradies im Bauch unserer Mutter. Wir wollen genau die gleiche umfassende Geborgenheit, die wir dort erlebt haben, wieder erleben.

Auf der Suche nach dem verlorenen Paradies

Je klarer uns wird, dass wir den Zustand der Einheit mit unserer Mutter nie wieder erreichen können, desto verzweifelter beginnen wir, nach einem Ersatz für das verlorene Paradies zu suchen. Diesen Ersatz glauben wir vielleicht in einem anderen Menschen zu finden oder in einer Gruppe von Menschen – Freunde oder Familienmitglieder – oder sogar in der Heimat, also dem Land oder dem Ort, wo wir geboren wurden. Weil wir uns so sehr nach einem solchen Ersatz sehnen, kommt uns nur das liebenswert vor, was diese Sehnsucht zu erfüllen verspricht.

Und so wachsen die meisten von uns wie von selbst in die Rolle des Paradiessuchers hinein, ohne sich dessen bewusst zu sein und natürlich auch ohne zu merken, dass diese Rolle keine wirkliche freie Gestaltung des Lebens mehr zulässt – was damals im Bauch der Mutter übrigens auch so war. Viele Partnerschaften beginnen mit der Sehnsucht nach einem Menschen, der einen schützend und tröstend in den Arm nimmt und einem das Gefühl gibt, alles sei gut. Wir suchen jemanden, bei dem wir uns geborgen fühlen können, der uns zeigt, dass er uns liebt und uns versichert, dass dies auch in Zukunft so sein wird. Wir suchen ein neues Paradies und glauben, es nur mit Hilfe des »richtigen« Menschen finden zu können, eines Menschen, bei dem wir uns so voll und ganz geborgen fühlen können wie damals im Bauch unserer Mutter. Und wir glauben, diesen Menschen daran erkennen zu können, dass er uns Aufmerksamkeit schenkt, Verständnis und vielleicht sogar Fürsorge entgegenbringt, unsere Sichtweisen teilt, unsere Meinung schätzt und uns ganz allgemein zu verstehen gibt, dass er ganz auf unserer Seite ist. Solange wir auf der Suche nach dieser Person sind, sind wir extrem anfällig für alle möglichen Schmeicheleien und Komplimente. In allem, auch wenn es noch so übertrieben, unpassend und hohl daherkommt, sehen wir nur zu gern die Andeutung wachsender Liebe, denn wir leben in der ständigen Hoffnung auf ein neues Paradies. Und auch wir selbst senden immer wieder Zeichen aus, die anderen Menschen suggerieren, dass sie das Paradies von uns erwarten können, wenn sie uns ihre Liebe dafür schenken. Wenn wir Zeichen der Liebe erhalten und merken, dass unsere eigenen Liebeszeichen wohlwollend aufgenommen werden, meldet sich eine unbewusste Erinnerung an die Liebe unserer Mutter und die Liebesbeweise, die wir von ihr erhalten haben.

Geben Sie es zu! Sie freuen sich doch auch, wenn jemand Sie aufmerksam betrachtet, Ihnen Komplimente macht, Sie gut findet, Ihren Rat schätzt, Sie versteht, Ihnen hilft, Sie einlädt oder Ihnen ein Geschenk machen will – selbst wenn es eine ganz fremde Person ist. Das könnte uns ja alles auch ganz egal sein. Aber da ist diese Sehnsucht nach Liebe und Geborgenheit, die automatisch in uns aufflackert und dafür sorgt, dass wir einem Fremden mit Wohlwollen begegnen, sobald wir Liebesbeweise von ihm erhalten oder uns von ihm angenommen fühlen.

Auf der anderen Seite haben Sie bestimmt schon beobachtet, wie schnell eine solche, scheinbar heftig aufflackernde Liebe wieder abkühlen oder sogar verlöschen kann, wenn die ersehnten Liebesbeweise ausbleiben, wenn das geliebte Gegenüber plötzlich eine andere Meinung vertritt oder einen gar kritisiert und man sich mit einem Mal völlig unverstanden oder gar abgelehnt fühlt. Statt liebevoller Begeisterung machen sich nun Ablehnung und Misstrauen breit oder zumindest eine starke Verunsicherung.

Wäre das auch der Fall, wenn wir überzeugt wären, dass wir das Paradies jederzeit aus uns selbst heraus erschaffen können? Wenn wir demnach keine eindeutigen Erwartungen an eine andere Person hätten, sondern ihr vielleicht nur mit Neugier oder Interesse begegnen würden? Sicher nicht!

Mit Liebe hat diese Erwartungshaltung an einen anderen Menschen auch nichts zu tun, denn Liebe lässt sich nicht einfach dadurch mindern oder gar auslöschen, dass der oder die Geliebte unsere Hoffnungen auf Liebesbeweise enttäuscht. Wenn wir jemanden wirklich lieben – einfach, weil er so ist, wie er ist und ganz unabhängig davon, was er für uns tut oder eben nicht, gönnen wir diesem Menschen dann nicht auch die Freiheit, sich so zu verhalten, wie er es möchte und es ihn glücklich macht? Bestimmt!

Aber genau das tun wir nicht, wenn wir enttäuscht sind, weil wir dann nämlich befürchten, das Paradies, nach dem wir uns so sehr sehnen und das wir in dem anderen gefunden zu haben glauben, wieder zu verlieren. Ich bin sogar der Meinung, dass die unbewusste Suche nach jener paradiesischen Sicherheit und Geborgenheit, die wir im Mutterbauch erlebt haben, der wirklichen Liebe entgegensteht. Sie verhindert nämlich, dass wir einen anderen Menschen überhaupt richtig betrachten und verstehen können, weil wir uns weniger für den Menschen selbst als für sein Verhalten uns gegenüber interessieren. Das offenbart sich zum Beispiel in Liebeserklärungen wie diesen: »Ich liebe dich für das, was du für mich tust oder getan hast. Erst durch dich wird mein Leben schön/fühle ich mich wieder wohl.«

Sätze wie »Ich liebe dich, weil du bist wie du bist, egal, was du für mich tust« oder »Ich liebe dich, aber ich brauche dich nicht«, kommen als Liebeserklärungen hingegen eher selten zur Anwendung. Auch die meisten Liebeslieder handeln davon, wie sehr die geliebte Person gebraucht wird und wie viel Sonne sie ins Leben bringt. Wollen wir denn nicht alle gebraucht werden und wichtig für jemanden sein?

Warum werden solche Liebeserklärungen so selten in Frage gestellt? Warum fragt man sich nicht, ob man hier vielleicht als Spender von Sicherheit und Geborgenheit missbraucht werden soll, selbst wenn einem im Gegenzug alles versprochen wird, was einen angeblich selbst glücklich macht – natürlich nur unter der Voraussetzung, dass man seinen Teil der Vereinbarung erfüllt? Die Antwort ist: Wir haben uns daran gewöhnt. Die meisten Menschen leben so. Es wirkt irgendwie vertraut und üblich.

Meiner Beobachtung nach haben die meisten Beziehungen mit dieser heimlichen Sehnsucht nach einem neuen Paradies begonnen und beide Partner haben sich immer wieder Zeichen gegeben, dass sie bereit und fähig sind, gemeinsam ein solches Paradies zu erschaffen. Und dann? Mit der Zeit hat sich die Aufmerksamkeit der Partner so sehr auf das Aufbauen von Nähe und Vertrautheit sowie auf das Erkennen und Aussenden von Liebesbeweisen verlagert, dass sich diese beiden Menschen schließlich kaum noch als Individuen spüren und zeigen konnten. Sie hatten das Gefühl für ihre eigenen Stärken und Schwächen ebenso verloren wie die Fähigkeit, ihren Partner als Mensch und Persönlichkeit wahrzunehmen – mit all seinen Stärken und Schwächen. Plötzlich gab es kein Ich mehr und auch kein Du, sondern nur noch ein Wir.

Das passiert in vielen Beziehungen, geht aber auf Dauer selten gut. Früher oder später fängt nämlich einer der Partner (Partner A) an, seine individuellen Bedürfnisse wiederzuentdecken und seine eigene Persönlichkeit auszuleben – und schon ist die am Anfang der Beziehung so intensiv gesuchte und hochgeschätzte Gemeinsamkeit nicht mehr so gefragt. Partner A ist jetzt nicht mehr ausschließlich für den anderen (Partner B) da, steht nicht mehr voll hinter ihm, hat eigene Ideen und verbringt einen Teil seiner Zeit mit anderen Menschen, denen er ebenfalls Aufmerksamkeit schenkt. Das kann dazu führen, dass Partner A eifersüchtig wird, sich bedroht fühlt und Angst bekommt – Angst, dass der andere irgendwann gehen und das Paradies mitnehmen könnte, das man in ihm gefunden zu haben glaubte.

Ganz ätzend ist in solchen Fällen auch die Erkenntnis, wie viel man für den anderen aufzugeben bereit war und was man nicht alles getan hat, um das Paradies zu erschaffen und zu erhalten. Ausgenutzt fühlen wir uns in solchen Momenten und betrogen von dem ehemals so geliebten Menschen, der uns plötzlich nichts mehr gibt und uns einfach schutzlos zurücklässt. Dass wir unseren Einsatz freiwillig erbracht haben und sogar mit einer gewissen Berechnung, lassen wir unerwähnt, denn das wollen wir nun auch gar nicht mehr wahrhaben. Die meisten Menschen, die in meine Beraterpraxis kamen, weil ihre Beziehung mit viel Kränkung und Bitterkeit zu Ende gegangen war, waren in erster Linie tief enttäuscht. Nachdem sie die Sicherheit und Geborgenheit, die bedingungslose Liebe und die Zuwendung, nach der sie so lange gesucht hatten, endlich gefunden zu haben glaubten, war dies alles ihnen plötzlich wieder abhanden gekommen, und das nur, weil der Partner sie zum Opfer seiner Willkür gemacht und all ihre Liebesbeweise mit Füßen getreten hatte.

Werden Kränkungen und Verletzungen aber nicht erst dadurch möglich, dass man Erwartungen an eine andere Person hat, die diese irgendwann nicht mehr erfüllen kann oder will, und wir uns dann verraten fühlen, weil wir für alles, was wir an Gefühlen und an Rücksichtnahme investiert haben, keinen Ausgleich mehr bekommen?

Solange wir den Ersatz für das verlorene Paradies hauptsächlich in materieller und emotionaler Sicherheit suchen, statt uns zu fragen, was uns wirklich berührt und unser Leben lebenswert macht, haben wir wohl kaum die Muße und die Motivation, andere Menschen zu erforschen, um sie schließlich als das verstehen und lieben zu können, was sie wirklich sind – unabhängig davon, was sie für uns tun oder darstellen. Die Rolle des Suchers nach dem verlorenen Paradies wird meiner Erfahrung nach relativ gleichmäßig von Männern und Frauen besetzt. Sie entspricht genau dem, was sich unsere Gesellschaft unter Partnerschaft und Liebe vorstellt. Es ist eine Rolle, in die wir einfach hineingewachsen sind, weil unser Leben im Körper unserer Mutter auf eine ganz bestimmte Weise begonnen hat und wir bald darauf in eine unbequeme Welt voller Gefahren und Unwägbarkeiten entlassen wurden. Solange wir nicht in der Lage sind, uns selbstständig und souverän ein eigenes Paradies zu schaffen, können wir diese Rolle nicht ablegen. Und solange wir sie nicht abgelegt haben, wird sie unseren gesamten Austausch mit dem Leben, besonders aber mit Menschen und möglichen Partnern prägen.

Jäger und Lockvogel

Zwei andere, sehr häufig gespielte und von der Gesellschaft stark unterstützte Rollen sind eigentlich gar nicht typisch menschlich. Es handelt sich eher um Rollen, die uns mit dem Tierreich verbinden und die ich deshalb gern ein wenig provozierend als Stamm- oder Triebhirnrollen bezeichne. Wir spielen sie so erfolgreich, als seien sie schon immer ein natürlicher Teil von uns gewesen: die Rolle des weiblichen Lockvogels und die des männlichen Jägers. Ähnlich wie im Tierreich dienen sie letztendlich der Arterhaltung. Neue Menschen sollen entstehen, erfolgreich aufgezogen werden und das Überleben der menschlichen Rasse sichern. In diesen Rollen wollen wir weniger unser Menschsein und unsere Individualität zum Ausdruck bringen als vielmehr unser biologisches Potential. Der Lockvogel will ein kompetentes Männchen anziehen – als Samenspender und Beschützer des neuen Lebens. Der Jäger will ein Weibchen als Träger, Ernährer und Betreuer des neuen Lebens. Dabei geht es nicht darum, irgendeinen Mann oder irgendeine Frau zu suchen und anzuziehen, sondern nur einen oder eine, der oder die für das neu zu erzeugende Leben viel versprechend ist. Der Lockvogel muss in dieser Funktion attraktiv genug sein, um sich gegen die Konkurrenz der anderen Lockvögel durchsetzen und einen interessanten Jäger abfangen zu können. Der Jäger muss sich genügend von den anderen Jägern unterscheiden und sein Potential klar zu erkennen geben, wenn er einen Lockvogel für sich interessieren will.

Betrachten wir nun zunächst die Frau in ihrer Rolle als Lockvogel. Wie wird sie attraktiv genug und kann ihre Konkurrenz sicher ausstechen, um den besten Jäger für sich zu gewinnen? Was sucht der Jäger, den sie für sich interessieren möchte? Ein Jäger möchte ein schönes, gesundes und lebendiges neues Wesen zeugen. Also sucht er instinktiv eine schöne, lebendige und gesunde Frau, die gleichzeitig auch mütterliche und fürsorgliche Qualitäten besitzt. Die Frau wiederum will schön sein, schöner als die anderen Frauen. Sie will gesund und fürsorglich erscheinen und dem Jäger suggerieren, dass sie sich erfolgreich um ihn und sein Kind kümmern könnte und das auch tun wird. Sie achtet auf ihren Körper, isst wenig und gesund, pflegt ihre äußere Erscheinung, ihre Frisur und ihr Make-up. Sie lernt kochen und nähen und besucht möglichst oft Orte, wo sie Jägern begegnet, denen sie ihre Schönheit und ihre grazile Art, sich durch die Welt zu bewegen, präsentieren kann. Sie schafft Situationen, in denen sie sich um andere kümmern, sie verwöhnen und bekochen kann. Von klein auf lernt die Frau, sich für den künftigen Jäger bereitzumachen und alles nur Mögliche zu tun, um die Konkurrenz ausstechen oder zumindest mit ihr mithalten zu können. All das wird von den Medien extrem gefördert und bringt Frauen jeden Alters dazu, unendlich viel Geld in Kosmetik, Kleidung, Frisuren, Schmuck und Schuhe fließen zu lassen, weil sie glauben, nur so ihre Schönheit, ihren Geschmack und ihre Feinheit darstellen zu können. Überall scheint es um nichts anderes zu gehen als um die Schönheit der Frau: in der Werbung, in der Mode, in Liebesliedern, in der Kosmetik, im Fitnessbereich, in Frauenmagazinen, im Film und im Fernsehen. Überall wird das für den jeweiligen Kulturkreis optimale Bild des Lockvogels dargestellt und verbreitet, immer verbunden mit der Suggestion, dass jede attraktive Frau einen gewissen Standard einhalten muss, um als Lockvogel lange begehrenswert und konkurrenzfähig sein zu können. Dem folgt natürlich stets der Hinweis, dass es für eine Frau ganz viele Möglichkeiten gibt, ihren Wert als Lockvogel zu steigern und ihn auch dann noch zu behalten, wenn sie die vierzig schon überschritten und als Lockvogel eigentlich ausgedient hat. Das kommt an, denn nur zu gern geben sich auch ältere Frauen der Illusion hin, immer noch Lockvogelwirkung zu haben und auch weiterhin genauso attraktiv sein zu müssen wie die Zwanzigjährigen. Jedes Gramm zu viel, jede neue Falte im Gesicht, jedes aus der Mode gekommene Kleidungsstück bedroht die Wirksamkeit der Lockvogelausstrahlung. Es kostet viel Aufmerksamkeit, Zeit und Geld, diesen Gefahren zu entgehen und der Konkurrenz nicht zu unterliegen. Dass Frauen auch Menschen sind, die Visionen und Sehnsüchte haben, in denen ein Mann und Kinder gar nicht vorkommen, und dass sie eigentlich auch ganz gut ohne Mann auskämen, vielleicht sogar ganz ohne Partnerschaft und Familie, wird kaum in Betracht gezogen. Man lästert höchstens über die Lockvögel, die in die Rolle des Jägers schlüpfen, um ihre Eigenständigkeit unter Beweis zu stellen.

Aber auch Jägerfrauen verlieren sich in ihrer Antirolle und fragen sich selten, ob diese ihnen wirklich gut tut und ob sie dahinter vielleicht noch ganz andere Qualitäten, ein ganz anderes Wesen entdecken und freilegen könnten.

Sehr bedeutsam scheint mir die Tatsache, dass viele Frauen, denen ich ihre Lockvogelrolle zu erklären versuche, meine Darstellung zunächst entrüstet, ja sogar gekränkt ablehnen und als abwegig und völlig überspitzt bezeichnen. Sie behaupten, sie seien weit davon entfernt, den Lockvogel für irgendjemanden spielen zu wollen, und der Hauptgrund, wenn nicht gar der einzige Grund für ihr aufgeputztes Äußeres – sie nennen es gepflegte oder modische Erscheinung – sei, dass sie für sich selbst schön sein wollen. Klingt das nicht überzeugend?

Aber wenn wir uns in einem Spiegel betrachten und zurechtmachen, tun wir das dann nicht vielleicht doch, um zu sehen, wie andere Menschen uns sehen und wie wir möglicherweise auf sie wirken könnten? Wenn wir ein Kleidungsstück kaufen oder neue Schuhe, dann haben wir sie ja schon gesehen und mögen sie, aber betrachten wir uns nicht trotzdem im Spiegel, wenn wir sie anprobieren, um zu sehen, wie andere Menschen uns darin sehen? Wir sehen uns nie selbst. Also kann es kaum sein, dass wir uns für uns selbst schön machen. Wäre es uns egal, wie andere uns sehen und wie wir auf sie wirken, dann würden wir uns gar nicht erst prüfend im Spiegel betrachten, sondern würden uns an den Kleidern und Schuhen freuen wie beispielsweise an den Möbelstücken, die wir aufstellen. Warum also ist uns der Blick in den Spiegel so wichtig?

Wenn die Frau als Lockvogel erfolgreich war und es ihr gelungen ist, einen Jäger abzufangen und ein Kind mit ihm zu zeugen, beginnt sie sich auf eine neue Rolle vorzubereiten. In den ersten Wochen der Schwangerschaft schlüpft sie allmählich in die Rolle der Mutter für ihr Baby und der Partnerin für den Vater ihres Kindes. Diese Rollen scheinen jetzt sinnvoller und wichtiger für das neue Leben, aber auch sie drängen die Frau als Mensch mit einer typischen Persönlichkeit, mit Wünschen, Sehnsüchten und Fähigkeiten eher in den Hintergrund. Mit den Hormonen ändern sich auch die Gefühle der jungen Mutter. Ihre Aufmerksamkeit richtet sich nun ganz auf das Baby und darauf, dass ein schöner Rahmen geschaffen wird, in dem das Baby sicher aufwachsen kann. Sie betrachtet ihren Partner immer weniger als Jäger und immer mehr als Vater ihres Kindes, von dem sie sich die Gestaltung eines sicheren und schönen Umfeldes erhofft, ein Nest, in dem das Baby behütet aufwachsen kann. Also versucht sie, dem Jäger, den sie eingefangen hat, die Rolle eines liebevollen Partners und Vaters schmackhaft zu machen und ihn von seinem Bedürfnis, auch in Zukunft zu jagen, abzubringen. So gibt sie ihm auch weiterhin das, was er als Jäger ursprünglich suchte und was sie ihm auch schon vorher gegeben hat: Bewunderung und Anerkennung. Zusätzlich schafft sie mit viel Energie ein schönes Nest, in dem er sich wohl fühlt, in das er immer zurückkehren will und wo er keine Lust mehr entwickelt, abzuwandern und erneut auf die Pirsch zu gehen. Aber auch hier ist er weniger als Mensch gefragt als in seinen neuen Rollen.

Betrachten wir nun den Mann als Jäger, der einen attraktiven Lockvogel für sich interessieren will. Der Instinkt lässt ihn spüren, was eine Lockvogelfrau sucht, nämlich einen starken, zuverlässigen Vater für ihr Kind, einen Mann, der souverän und erfolgreich mit den täglichen Problemen umgehen kann, der Sicherheit und Geborgenheit vermittelt und ein Umfeld beziehungsweise Rahmenbedingungen schafft, in denen sowohl sie als Mutter als auch ihr Sprössling behütet aufwachsen kann. Als Vater soll der ehemalige Jäger in der Lage sein, das Kind und sie zu ernähren und vor allen Widrigkeiten des Lebens zu beschützen.

Der Jäger weiß natürlich auch, wonach er sucht, wenn er eine zukünftige Mutter für sein Baby finden will, und beginnt eine Ausstrahlung aufzubauen, die den gefühlten Erwartungen einer solchen Frau entsprechen könnten. Als Jägermann strebt er eine Ausbildung an, die Kompetenz und Erfahrung suggeriert, imageträchtig ist und intellektuelle Fähigkeiten oder auch körperliche Kraft unter Beweis stellt. Er sucht eine einträgliche Beschäftigung, die viel Geld abwirft, und solange dies noch nicht so recht klappt, versucht er auf jeden Fall den Anschein zu erwecken, als habe es bereits geklappt, indem er schon mal ein aufgemotztes Auto fährt, teure Anzüge trägt oder zumindest ständig über Geld und Erfolg spricht, um zu signalisieren, dass er auf dem Weg dorthin ist.

Da ein Lockvogel aber nicht nur den kraftvollen, überlegenen Jäger sucht, sondern auch einen fürsorglichen Vater für später, bemüht sich der Jäger auch um die Lockvogelfrau und zeigt ihr, wie aufmerksam er ihre Bedürfnisse erkennt und ihre Wünsche von den Augen abliest. Er macht »den Weg frei«, indem er ihr die Tür zum Restaurant öffnet, oder wirft sein Jackett in die Pfütze, damit die Auserwählte trockenen Fußes ins Auto kommt. Er gibt Empfehlungen für die Wein- und Speisenauswahl beim abendlichen Essen und demonstriert seine umfassende Fürsorglichkeit, indem er nichts dem Zufall überlässt und für diejenige, die sich auf seine Seite schlägt, immer nur das Allerbeste will und tut. Wer sich als Jäger erst noch profilieren muss, schlägt sich häufig zunächst verbal auf die Seite von erfolgreichen Personen und versucht auf diese Weise an deren Bedeutung teilzuhaben. Oder er schimpft über Missstände und Menschen, ist allgemein überkritisch und deutet damit an, dass er natürlich alles besser könnte. Egal, welche Strategie ein Jäger auch verfolgt, die Botschaft dahinter ist immer die gleiche: »Ich bin überlegen. Ich habe alles im Griff. Bei mir hast du es gut. Bei mir kannst du auf eigene Gedanken und Gefühle verzichten. Bei mir brauchst du dir um Lebensqualität und Sicherheit keine Sorgen mehr zu machen. Ich kann all das für dich und mein zukünftiges Baby bestens erledigen.«

Die Rolle Jäger und Lockvogel bedingen einander. Sie unterstützen sich und halten sich gegenseitig am Leben. Doch was passiert, wenn ein Jäger einen Lockvogel erobert oder ein Lockvogel einen Jäger angelockt hat und sie gemeinsam ein neues Leben in die Welt gebracht haben? Die ursprüngliche Absicht ist erfüllt, das Rollenspiel hat funktioniert. Haben sich die Rollen jetzt überlebt?

Was den Lockvogel betrifft, in der Regel schon. Das Interesse an anderen Jägern erlischt, und selbst der eingefangene Jäger wird jetzt mit anderen Augen betrachtet. Die Frau beginnt sich auf das neue, in ihr wachsende Leben einzustellen und mütterlich fürsorgliche Gefühle zu entwickeln. Das für sie Wichtigste ist jetzt der Schutz ihres Babys und das Schaffen eines schönen Heims, in dem das kleine Wesen behütet und glücklich aufwachsen kann. Sie legt zwar auch als neue Mami Wert darauf, attraktiv zu sein, aber ihr Hauptaugenmerk gilt jetzt der Sicherheit und Geborgenheit ihrer neuen Familie, und das signalisiert sie natürlich auch dem ehemaligen Jäger. Die Tatsache, dass sie für ihn als Lockvogel vielleicht nicht mehr so interessant sein könnte, versucht sie dadurch auszugleichen, dass sie ihn liebevoll umsorgt und ihm deutlich macht, dass er außer ihr, dem Kind und dem gemeinsamen Zuhause eigentlich nichts mehr braucht und seine Jägerrolle getrost aufgeben kann.

Der gemeinsame Rollenwechsel funktioniert aber nur, wenn in den neuen Rollen auch das Wesen des jeweiligen

Mannes und der jeweiligen Frau zum Ausdruck kommen kann. Und genau das ist nicht immer möglich. Der Jäger hat die Frau vorher vielleicht nur als Lockvogel wahrgenommen und nicht als Mensch, und jetzt sieht er sie vielleicht nur als Mutter seines Kindes und wieder nicht als Mensch. Das Gleiche gilt für den Mann, der erst nur als Jäger wahrgenommen wurde und jetzt vielleicht nur noch als Vater gesehen wird, aber nie als Mensch.

Der Verlauf der Schwangerschaft ist für beide oft irritierend, weil sie spüren, dass sich die alten Rollen überlebt haben und dass sich neue Rollen, in denen menschliche und persönliche Qualitäten mehr im Vordergrund stehen, auch nicht einfach so überstülpen lassen. Eine Mischung der Rollen scheint da oft die Lösung zu sein.

Aber die Schwangerschaft kostet viel Kraft, die Geburt und die schlaflosen Nächte danach fordern ebenfalls ihren Tribut, und am Ende des ersten Jahres hat die junge Mutter meist kaum noch genug Energie, um den ehemaligen Jäger ein glückliches Zuhause zu bieten, in dem er sich verwöhnt fühlt. Ihre Kräfte, ihre Nerven und ihre Geduld nehmen im gleichen Maße ab wie ihre Ansprüche an ihren Partner und den Vater ihres Kindes zunehmen. Wenn er nach Hause kommt, hat sie kaum noch Zeit und Muße, ihn herzlich zu begrüßen. Er soll jetzt endlich mal helfen, sie will nicht immer alles allein machen. Aber natürlich soll er alles so machen, wie sie es sich vorstellt, denn schließlich weiß sie, wie zu Hause alles abzulaufen hat, denn immerhin tut sie es ja meist erfolgreich allein. Nachdem die Frau zu lange versucht hat, für Kind, Partner und ein schönes Zuhause alles zu geben, ist sie jetzt erschöpft und enttäuscht darüber, dass der Mann nicht so in der Vaterrolle aufgeht wie sie in der Mutterrolle.

Aus der Sicht des Mannes stellt sich das Ganze ähnlich belastend dar. Er, der als Jäger so daran gewöhnt war, bewundert und verwöhnt zu werden, sieht sich nun zunehmend zum Verdiener degradiert, der vor allem gebraucht wird, um den notwendigen finanziellen Rahmen zu schaffen. Statt Lockvogelreizen, zärtlichen Begegnungen und interessanten Gesprächen erwartet ihn nach einem harten Arbeitstag eine erschöpfte, oft unzufriedene Frau, die er aufmuntern soll, der er es aber selten recht machen kann. Auch er fühlt sich zunehmend überfordert, bekommt immer weniger Zuwendung und sieht sich immer mehr Kritik ausgesetzt. Und schon bald fällt er wieder in die Jägerrolle zurück und holt sich woanders Bestätigung und Zuwendung, oder er wählt die Opferrolle und sucht jemanden, der ihn tröstet. Beides wird oft von Schuldgefühlen begleitet, weil er so eigentlich nicht sein will und sich moralisch elend dabei fühlt.

Die Antwort der jungen Mutter besteht dann häufig in der Suche nach einer beruflichen Tätigkeit, die sie finanziell unabhängig machen kann, aber gleichzeitig ist sie innerlich zerrissen, weil sie die Mutterrolle nun nicht mehr so gut spielen kann, wie es ihr ursprüngliches Anliegen war, und auch die Partnerschaft wird dadurch nicht einfacher. Sie hat immer weniger Zeit für das Kind und den Partner, erwartet aber gleichzeitig, dass er ihre Selbstständigkeit unterstützt und sich mehr in die Familie einbringt.

Unbewusste Rollenspiele

Ähnlich wie die Rollen Lockvogel und Jäger ursprünglich instinktiv entstehen, dann aber stark von der Gesellschaft und vom Zeitgeist geprägt und gefördert werden, folgen auch die mütterlichen oder väterlichen Rollen zunächst einem Urtrieb, sind dann aber ebenfalls stark vom Rollenvorbild der eigenen Eltern geprägt. Wer das Rollenvorbild seiner Eltern gut fand und deshalb kopiert, macht sich genauso wenig Gedanken darüber, ob er oder sie diese Rolle wirklich gut findet, wie derjenige, der das Gegenteil von dem zu leben versucht, was seine Eltern ihm vorgelebt haben, ohne diese Antirolle jemals in Frage zu stellen.

Das eigentlich Schwierige an den meisten Partnerschaften ist, dass sich hier nicht etwa zwei Menschen begegnen, sondern zwei Rollen mit sämtlichen Erwartungen und Verhaltensweisen, die für Rollen typisch sind. Würden die Rollen als Rollen erkannt und auf eine verspielte, nicht ganz so ernste Weise absichtlich gespielt, würden sich Mann und Frau jenseits ihrer Rollen als Menschen mit einer Persönlichkeit begreifen und diese Persönlichkeit auch in der Rolle spüren und leben, dann wäre das Spiel sogar ganz amüsant. Jeder könnte mitspielen, keiner wäre davon abhängig, niemand würde sich auf seine Rolle reduzieren und es gäbe nicht so viele traurige Konsequenzen für die Partnerschaft.

Innerlich frei genug um andere lieben zu können, ist nur ein Mensch, der sich selbst nicht mit der Rolle verwechselt, die er jeweils spielt; jemand, der sich als Person fühlt, nicht als Mann oder als Frau, Vater oder Mutter, Lockvogel oder Jäger, alt oder jung; jemand, der weiß, dass er als Mensch intakt ist und keine andere Person braucht um lebensfähig oder glücklich zu sein. Nur ein solcher Mensch hat die notwendige innere Ruhe und Selbstständigkeit, um den anderen wertfrei und ohne Erwartung betrachten und als das wahrnehmen zu können, was er ist, um ihn gründlich erforschen, verstehen und dann vielleicht auch lieben zu können – einfach nur, weil er ist, wie er ist.

Sexualität als Rollenspiel

Vieles, was wir denken, fühlen und für wichtig halten, gehört nicht etwa zu unserer Persönlichkeit, sondern ist Teil einer Rolle, die wir spielen – freiwillig oder auch nicht. Dazu gehört auch die Sexualität, die am häufigsten zwischen Jäger und Lockvogel ausgelebt wird. Der Jäger will seine Potenz unter Beweis stellen und bemüht sich – oftmals unter Leistungsdruck und mit viel Versagensangst – um den optimalen Orgasmus zur richtigen Zeit. Gleichzeitig wünscht er sich den Orgasmus des von ihm erwählten Lockvogels als Bestätigung für seine erfolgreichen Bemühungen herbei. Er will es gut machen und braucht die Anerkennung dafür, dass er auch diesen Teil seiner Jägerrolle mit Bravour gemeistert hat.

Die Frau als Lockvogel will sich in ihrer verführerischen Ausstrahlung bestätigt wissen und gleichzeitig den Jäger in seinen Anstrengungen bestätigen, denn sie weiß, wie wichtig das für ihn ist und wie sehr es die Bindung zu ihr stärkt. Ein heftiger Orgasmus – oder zumindest die Vorgaukelung davon – ist das Mindeste, was sie erbringen kann, um ihn in seiner Männlichkeit zu bestätigen und als erfolgreichen Jäger anzuerkennen. Insofern steht auch die Frau gelegentlich unter Leistungsdruck, auch wenn dieser nur darin beseht, falsche Tatsachen vorzuspielen.

Eine so gelebte Sexualität ist stark von Pflichtgefühl, Leistungsbewusstsein und Versagensangst geprägt und bekommt als Aktion an sich ein so großes Gewicht, dass die Qualität der ganzen Beziehung von ihrem erfolgreichen Funktionieren abzuhängen scheint. Viele Paare, die ich beraten habe, erzählten mir, dass sie schon bei verschiedenen Instanzen Hilfe für ihre partnerschaftlichen und sexuellen Probleme gesucht hatten. Dort habe man ihnen vermittelt, sie könnten ihre partnerschaftlichen Pro lösen, wenn es ihnen gelänge, ihr sexuelles Problem sen, und dies sei möglich, wenn jeder sich bemüh Bedürfnisse des anderen kennen zu lernen und zu befriedigen. Wenn sie erst wieder einen freudvollen sexuellen Austausch miteinander hätten, würde sich auch ihre Partnerschaft wieder lebendiger und freudvoller entwickeln. Diese Bemühungen waren leider nicht von allzu großem Erfolg gekrönt gewesen, und irgendwann dämmerte ihnen, dass die nicht funktionierende Sexualität vielleicht auch Ausdruck eines falschen Rollenverständnisses war oder dass sie einfach zu wenig Liebe und Interesse für den Partner als Mensch empfanden.

Die Sehnsucht nach Sexualität, nach Nähe und Verschmelzung hat meiner Beobachtung nach nur sehr wenig mit dem typischen Jäger-Lockvogel-Verhalten zu tun. Vielmehr ist es eine Ursehnsucht des Menschen, nach neuen Aspekten dieser Welt Ausschau zu halten, nach Tieren, Pflanzen, Orten, Gegenständen, Häusern und vielem mehr, aber ganz besonders nach anderen Menschen, die er als interessant und schön empfindet, in deren Gegenwart er sich wohl fühlt und die ihn daran erinnern, wie er selbst sein könnte, in denen er vielleicht sogar einen Teil von sich selbst wiederentdeckt.

Einem Menschen, den wir auf diese Weise lieben und verstehen, wollen wir nah sein, ihn wollen wir spüren und mit allen Sinnen erfassen. Das ist die eigentliche Basis unserer sexuellen Energie: die Sehnsucht nach der Einheit mit dem, wodurch wir uns selbst spüren und entdecken, womit wir verschmelzen wollen, um uns intensiver zu spüren und durch die Integration der neuen Energie mehr zu werden, als wir vorher waren. Wir alle wollen wachsen an Bewusstsein, Energie und Erfahrung.

Liebe und Sexualität als Ausdruck unseres Wesens sind weder geprägt von der Gier, etwas haben zu wollen, noch davon, etwas leisten oder Erwartungen erfüllen zu müssen. Im Mittelpunkt stehen vielmehr die Freude daran, dass der andere da ist, und der Wunsch, ihm Liebe und Zärtlichkeit zu geben. Solche Gefühle werden in der Sexualität des Jägers und des Lockvogels nur selten auftauchen oder eine Rolle spielen.

Wenn nicht Lockvogel, was dann?

Was machen Menschen, die sich nicht berufen oder befähigt fühlen, die Rollen des Lockvogels und des Jägers auszufüllen? Sind sie frei davon? Leben sie einfach, was sie sind: ihr Wesen, ihre Bestimmung, ihr Menschsein? Ganz im Gegenteil. Wer eine Rolle zwar gern spielen würde, sie aber nicht oder noch nicht spielen kann oder wer eine Rolle aus irgendwelchen Gründen ablehnt, flüchtet sich in andere Rollen, manchmal auch in Antirollen, um von seiner vermeintlichen Unfähigkeit, seinem Zweifel oder seinem Mangel an Integrität abzulenken.

Die Emanze

Als Alternative für die Frau bietet sich die Rolle der Emanze an, die klar zu erkennen gibt, dass sie die Abhängigkeiten, in die sich ein Lockvogel später begibt, entschieden ablehnt, dass sie keinen Mann in ihrem Leben braucht, und wenn überhaupt, dann nur als Erzeuger. Oder sie geht gleich zur Samenbank und damit jeder möglichen Verwicklung aus dem Weg. In dieser Rolle braucht sie keine weiblichen Reize zur Schau stellen, falls sie vielleicht befürchtet, diese gar nicht zu haben. Stattdessen stellt sie sich als eine Art Mannweib dar, selbstständig und stark. Es kann sogar sein, dass sie schwache Frauen verachtet, die sich von Männern dominieren und ausnutzen lassen, wie vielleicht ihre eigene Mutter. Aber auch in dieser scheinbar selbstständigen Rolle kann sie gefangen sein. Vielleicht verdrängt sie ihre Weichheit und ihre Gefühle, kann niemanden mehr an sich heranlassen und verliert die Fähigkeit, anderen Menschen Aufmerksamkeit und Interesse zu schenken und sie zu verstehen und zu lieben. Vielleicht verliert sie sogar den Zugang zu ihren eigenen Gefühlen, verlernt zu genießen und sich zu freuen und endet irgendwann in innerer Einsamkeit.

Manche Emanzen begeben sich bewusst in eine alternative Szene, zum Beispiel die soziale oder die esoterische, wo alles gesund und zweckmäßig sein soll und Lockvögel allgemein verpönt sind. Andere gehen in die Geschäftswelt und suchen ihre Bestätigung im äußeren Erfolg. Vielleicht schlüpfen sie sogar in die Jägerrolle und jagen nur noch nach Geld, Erfolg und Einfluss, was sie ihrem Menschsein oder einer fruchtbaren Partnerschaft auch nicht näher bringt als die Lockvogelrolle.

Das kleine Mädchen

Manche Frauen fühlen sich von der Idee der Emanzipation überfordert und rutschen in die Rolle des hilflosen kleinen Mädchens, das einen Vaterersatz sucht, einen Mann, der sich liebevoll um sie kümmert und sie süß findet. Aber auch als Kindfrau kann sie nur schwer ein selbstständiges Frausein leben und bleibt in ihrer passiven Rolle fixiert – es sei denn, sie fällt auf einen vorbeiziehenden Jäger herein, der hinter ihrer Maske die Lockvogelreize erkennt, sie darin bestätigt und ihr hilft, sich aus ihrer kindlichen Rolle herauszuentwickeln.

Die natürliche Mutter

Manche Frauen blenden die Lockvogelphase einfach aus, weil sie schon in ihrer Kindheit in die Mutterrolle geschlüpft sind. Vielleicht mussten sie sich früh um die kleinen Geschwister kümmern, weil die Mutter nicht mehr da war oder weil beide Eltern arbeiteten. Diese »natürlichen Mütter« spielen ihre Rolle überall und ganz selbstverständlich, auch in der Partnerschaft. In jedem Menschen sehen sie jemanden, der bemuttert werden muss. Wie sie selbst wirklich sind und wie der andere Mensch in seinem Wesen ist, entdecken sie jedoch nicht notwendigerweise, und ob es ihnen so gelingt, eine auch für sie befriedigende Partnerschaft zu leben, ist ebenfalls fraglich. In der Regel werden sie Männer anziehen, die eher einen Muttersatz suchen als eine gleichberechtigte Partnerin.

Wenn nicht Jäger, was dann?

Welche Alternativen gibt es für einen Mann, der sich die Jägerrolle nicht zutraut?

Der Softi

Manche Männer flüchten sich in die Rolle des armen, unverstandenen Opfers, das Mitgefühl, Verständnis und Aufmunterung braucht und entsprechend mütterliche Frauen anzieht. Bei ihnen müssen sie keine Stärke beweisen und können sich ganz ihrem Gefühl und ihrer Weichheit hingeben.

Der Coole

Andere signalisieren, dass sie an Frauen überhaupt nicht interessiert sind, weil sie Wichtigeres zu tun haben. Allenfalls lassen sie sich zu einem gelegentlichen, aber höchst oberflächlichen Austausch herab und kommen so erst gar nicht in die Verlegenheit, ihre Schwächen überspielen zu müssen. Männer, die diese Rolle spielen, werden bevorzugt von Emanzen geknackt, die ihnen die Maske herunterreißen und ihnen ihre wahren Bedürfnisse vor Augen führen – nicht zuletzt um sich selbst in ihrer Eigenständigkeit und Stärke bestätigt zu sehen.

Der Philosoph

Wieder andere schlüpfen in die Rolle des Philosophen, der keine materielle Interessen oder gar körperlichen Sehnsüchte zu haben scheint und der so sachlich und distanziert über die Wirklichkeit spricht, als habe er nichts damit zu tun. Er philosophiert über Gefühle, aber er zeigt sie nicht. Damit ist er aber nur für Frauen interessant, die den Zugang zu ihren eigenen Gefühlen verloren haben.

Welche Rollen spiele ich?

Neben all diesen Rollen, die ich ein wenig überspitzt dargestellt habe, weil sie so prägend sind, gibt es natürlich noch unzählige, eher unauffällige Rollen, die uns ganz bestimmte Bilder von Menschen vermitteln: Rollen, die sich aus dem Bildungsniveau ergeben, aus der gesellschaftlichen Position, aus der Hautfarbe, dem Ursprungsland, dem Alter, dem Beruf, dem Familienstand etc.

Als etwa Dreißigjähriger hat man seine Ausbildung beendet und plant seine Zukunft. Als Vierzigjähriger ist man voll in der Produktionsphase und strebt nach Erfolg. Als Fünfzigjähriger steht man auf dem Gipfel des Erfolges und bereitet seinen Ausstieg aus dem Beruf vor, und so fort. Die allgegenwärtige Frage nach dem Alter bestimmt das Miteinander genau so stark wie die Frage nach dem Geschlecht.

Nun, nachdem Sie so viel über die unterschiedlichsten Rollen gehört haben und darüber, was sie mit uns Menschen machen, ist es an der Zeit herauszufinden, ob Sie selbst eine oder mehrere dieser Rollen spielen oder gespielt haben. Wir alle spielen Rollen, denn Rollen sind im Prinzip nur verschiedene Strategien, uns in der Welt zum Ausdruck zu bringen. Es ist deshalb normal und sogar wichtig, dass wir Rollen spielen. Allerdings sollten wir erkennen, dass wir mehr sind als unsere Rollen. Das setzt jedoch voraus, dass uns überhaupt klar ist, welche Rollen wir spielen und welche Erfahrungen uns die gespielten Rollen ermöglichen.

Lesen Sie die folgenden Fragen in Ruhe durch und denken Sie, während Sie nach Antworten suchen, über Ihre Vergangenheit nach. Vielleicht hat sich Ihr Rollenverhalten im Laufe der Jahre verändert, vielleicht auch nicht. Besonders problematisch sind die Rollen, die Sie über lange Zeit hinweg immer ähnlich gespielt haben, weswegen Sie vielleicht überzeugt sind, dass es sich gar nicht um Rollen handelt, sondern vielmehr um Aspekte Ihrer Persönlichkeit.

Bin ich auf der Suche nach dem verloren Paradies?

- Sehne ich mich nach Geborgenheit, Liebe, Sicherheit und Anerkennung? Glaube ich, all dies im Außen finden zu können: über andere Menschen, eine Firma oder Strukturen, die mir das Gefühl von Heimat geben? Bin ich bereit, mich zurückzunehmen, um all dies zu erhalten/nicht zu gefährden?

- Erwarte ich Liebesbeweise in Form von Geschenken, Komplimenten, Einladungen etc. von meinem Partner, von Freunden, von meinen Eltern, Kindern oder anderen Menschen, die mir wichtig sind? Will ich ihre Aufmerksamkeit, ihren Schutz, ihre Unterstützung und vielleicht auch materielle Hilfe? Glaube ich, dies stehe mir zu? Bin ich gekränkt, verletzt oder enttäuscht, wenn Menschen sich nicht so verhalten, wie ich es erwarte? Will ich das Gefühl haben, gewissen Menschen wichtig zu sein, und suche ich nach äußeren Zeichen, die mir dies bestätigen, damit ich mich sicher fühlen kann, auch auf Dauer?
- Habe ich Angst, Menschen zu verlieren, die mir nahe stehen? Bin ich eifersüchtig? Neige ich dazu, andere zu kontrollieren? Bin ich der Ansicht, dass ich das Recht habe, am Leben meines Partners oder Freundes teilzuhaben, weil das einfach normal ist? Erwarte ich absolute Offenheit von meinem Partner und dulde keine Heimlichkeiten? Bestehe ich auf Verträgen und Vereinbarungen (z. B. Ehevertrag)? Bin ich misstrauisch? Fordere ich den Menschen, die mir nahe stehen, irgendwelche Versprechen ab, damit ich das Gefühl habe, mich auf sie verlassen zu können? Habe ich Angst vor Kritik? Meide ich Auseinandersetzungen? Befürchte ich, mir nahe stehende Menschen könnten sich von mir entfernen oder gar ganz weggehen?
- Ist mir eine funktionierende Beziehung so wichtig, dass ich dafür bereit bin, meine eigenen Sehnsüchte zurückzustellen, meinen Freundeskreis zu reduzieren und mich dem Partner in möglichst vielen Dingen anzupassen? Erwarte ich das Gleiche von meinem Partner? Liebe ich meinen Partner für das, was er für mich tut, vielleicht sogar mehr als für das, was er ist? Liebe ich ihn, weil er verlässlich ist und stets zu mir und den Kindern steht? In-

teressiere ich mich weniger für seine Sehnsüchte, Fähigkeiten und Hobbys; lehne ich manche davon sogar ab? Gönne ich ihm seinen Freiraum nur insoweit, als es meine Gefühle nicht verletzt oder die Beziehung zwischen uns bedroht?

- Ist es mir wichtig, was andere über mich denken? Suche ich Bestätigung? Will ich dazugehören und integriert sein? Richte ich mich nach der Mode? Tue ich, was »man« tut? Ist es mir unangenehm, eine unpopuläre Ansicht zu vertreten und zu tun, was mir gefällt, auch wenn es nicht gut ankommt, zum Beispiel bei meinem Partner?
- Orientiere ich mich an vorgegebenen Strukturen, wie allgemeinen Erwartungen, sozialen Regeln und gewissen Standards, weil ich Angst habe, sonst als Sonderling dazustehen und ausgegrenzt zu werden?

Bin ich ein Jäger?

- Investiere ich viel Zeit und Geld in meine äußere Erscheinung, in Fitness und Mode, aber auch in mein Auto und meine Wohnungseinrichtung? Bezeichne ich mich als Sportler, obwohl ich nur regelmäßig im Fitnessstudio mein Bestes gebe?
- Rede ich gern über Politik und Wirtschaft, Geld und Einfluss? Tue ich, als wüsste ich, worum es geht, oder sogar, als hätte ich einen gewissen Einfluss in einem Bereich, der von den meisten Menschen für wichtig gehalten wird, in dem sie selbst aber wenig zu sagen haben?
- Rede ich gern über das Geld, das ich bereits verdiene oder auf jeden Fall irgendwann verdienen werde? Betone ich oft, dass ich auch ohne Geld souverän und überlegen bin, auch wenn ich damit nur meine Zweifel überdecke, dass mir das mit dem finanziellen Erfolg auch wirklich gelingt?

- Bin ich bereit mich zu verschulden – für ein eindrucksvolles Auto, eine Designereinrichtung, Markenkleidung oder Schmuck –, um Geschmack, Großzügigkeit, Erfolg und Reichtum zu suggerieren?
- Bin ich ständig auf der Suche nach schönen Lockvögeln? Und wenn ich einer schönen Frau begegne, kläre ich dann sofort ab, ob ihr Alter stimmt, ob sie überhaupt noch zu haben ist und ob die Investitionen, die ich für sie tätigen müsste – Essen, Kino, Blumen, Geschenke etc. – sich überhaupt lohnen würden?
- Rede ich am liebsten über meine Erfolge? Versuche ich durch bewusste Selbstdarstellung Eindruck zu machen, während ich persönliche oder sogar peinliche Details lieber für mich behalte?
- Will ich mit großzügigen Geschenken und üppigen Einladungen Eindruck schinden, auch wenn es meine Möglichkeiten eigentlich überfordert?
- Fühle ich mich gekränkt und verletzt, missachtet und übergangen, wenn ich die erwartete Bestätigung und Bewunderung nicht bekomme? Nimmt mein Interesse an einem Lockvogel schlagartig ab, wenn sie nicht so reagiert, wie ich es mir wünsche? Nervt es mich, wenn ich zum Beispiel zugeben muss, dass ich mir mein Auto eigentlich gar nicht leisten kann, oder dass der Erfolg, den ich anvisiere, noch gar nicht da ist?
- Stelle ich meine Potenz ständig in den Mittelpunkt? Gebe ich mich gern als perfekter Liebhaber, der immer kann oder könnte und um den sich alle reißen?
- Habe ich feste Vorstellungen davon, wie sich Männer oder Frauen zueinander verhalten sollten – wer wem die Tür öffnet, wer im Restaurant das Essen bestellt, wer in der Sexualität die aktive Rolle übernimmt, wer die Verantwortung für die Finanzen trägt, wie die Aufgaben

in einer späteren Partnerschaft oder Familie verteilt sind, wer sich wem anpassen sollte, wer eher auf der sachlichen Ebene denken und sprechen sollte und wer im Bereich der Gefühle kompetent ist, wer den Fernseher anschließt und wer die Blumen aussucht?

- Wenn ich niemanden beeindrucken müsste, wenn es zum Beispiel gar keine Frauen gäbe oder vielleicht überhaupt niemanden außer mir selbst, wie würde ich dann meine Freizeit nutzen? Würde ich dann überhaupt noch ins Fitnessstudio gehen und hätte Fitness dann möglicherweise eine andere Bedeutung für mich? Wofür würde ich mein Geld ausgeben und würde ich weniger ausgeben? Würde ich dann noch Schulden machen? Würde ich in anderen Männern immer noch Konkurrenten sehen oder eher Partner und Freunde?

Bin ich ein Lockvogel?

- Investiere ich viel Zeit und Geld in meine äußere Erscheinung? Studiere ich Frauenzeitschriften und Kosmetikmagazine, weil ich wissen will, was ich tun muss, um konkurrenzfähig zu bleiben oder sogar besser zu sein als die Konkurrenz?
- Verlasse ich nie das Haus, ohne vor dem Spiegel geprüft zu haben, ob das Make-up nicht verwischt ist, die Kleidung sitzt, die Sonnenbrille passt und die Frisur in Ordnung ist? Bin ich bereit, unbequeme Schuhe und zwickende Kleidung zu tragen, weil ich darin einfach besser aussehe?
- Lasse ich mich nie spontan zum Kino oder zum Essen abholen, weil ich mich immer erst noch zurechtmachen muss, bevor ich aus dem Haus gehen kann?
- Quäle ich mich im Fitnessstudio ab, um eine perfekte Körperlinie zu erreichen, obwohl es mir eigentlich

keine Freude macht? Suche ich mein Gesicht regelmäßig auf Falten hin ab?

- Bin ich immer daran interessiert zu erfahren, was die schönen und reichen Frauen der Welt gerade tun? Interessiere ich mich für meine »Konkurrenz« und habe ich die Tendenz sie niederzumachen, damit ich besser dastehe?
- Bin ich gekränkt und verletzt, wenn meine äußere Erscheinung keine Anerkennung findet und ich nicht so gut ankomme, wie ich es mir vorgestellt habe?
- Ist es mir wichtig, Männern zu gefallen und meine Wirkung auf sie zu beobachten? Probiere ich meine Wirkung auf Männer manchmal an Männern aus, die schon vergeben sind, weil ich kein Risiko eingehen will?
- Habe ich feste Vorstellungen davon, wie sich Männer und Frauen zueinander verhalten sollten? Will ich bewundert, erobert und auf Händen getragen werden? Ist es für mich normal, dass der Mann bezahlt, die Koffer trägt, Verhandlungen führt und überhaupt alle wesentlichen und komplizierten Dinge erledigt? Bin ich der Ansicht, dass es Aufgabe der Frau ist, für die richtige Stimmung zu sorgen? Soll der Mann in sexuellen Dingen immer zuerst aktiv werden? Soll sich die Frau dem Mann anpassen und ihr Leben nach seinem ausrichten? Ist es die Pflicht eines Ehemannes, sich um seine Frau zu kümmern und ihr Sicherheit und einen angemessenen finanziellen Rahmen zur Verfügung zu stellen?
- Wenn es keine Spiegel gäbe, keine Männer und auch keine Konkurrentinnen, wären mir Make-up, Frisur und Kleidung dann noch genauso wichtig wie jetzt? Mit welchen anderen Dingen würde ich mich dann beschäftigen? Was sind meine wahren Sehnsüchte? Wofür würde ich mein Geld ausgeben? Womit würde ich meine Zeit verbringen?

Lockvogel? Nein danke!

- Lehne ich meine Weiblichkeit ab, indem ich meine weiblichen Formen verhülle und auf Make-up verzichte? Bewege ich mich nicht grazil, sondern bewusst plump oder kraftvoll? Trage ich betont bequemes Schuhwerk und rein zweckmäßige Kleidung? Belasse ich meine Frisur bewusst natürlich? Treibe ich Sport und vor allem Ausdauer- und Muskeltraining, damit ich mit den Männern mithalten kann? Ist meine Ausdrucksweise bewusst sachlich und intellektuell? Vermeide ich alle äußeren Anzeichen von Schwäche oder Unterlegenheit? Zeige ich wenig Gefühle und schon gar keine Bewunderung für das männliche Geschlecht? Habe ich für typisch weibliche Frauen nur Skepsis und Geringschätzung übrig?
- Bin ich bereit, eine Führungsrolle zu übernehmen und mich dem Leistungsprinzip zu verschreiben? Halte ich Frauen für das überlegene Geschlecht? Dringe ich ganz bewusst in Bereiche vor, die bislang von Männern dominiert waren (Politik, Wirtschaft, Ingenieurwissenschaften etc.)? Werde ich selbst zum Jäger, indem ich mich auf die Jagd nach Männern und Frauen mache, die mich bewundern sollen?
- Fällt es mir schwer Gefühle zu zeigen, andere in mein Herz zu lassen, weich, mitfühlend und mütterlich zu sein?
- Gebe ich mich gern kindlich und unbefangen? Spreche ich manchmal sogar wie ein kleines Mädchen? Fühle ich mich oft von meinen täglichen Aufgaben überfordert und suche dann jemanden, der mich tröstet, meine Stimmung aufhellt und alles für mich ordnet?
- Übernehme ich gern die Verantwortung und habe ich grundsätzlich allem gegenüber eher eine wohlwollende Einstellung?

- Entwickle ich leicht Schuldgefühle? Kann ich schlecht nein sagen, wenn andere mich um etwas bitten?
- Spende ich gern Trost und Aufmunterung? Messe ich meinen Wert daran, wie wichtig ich für andere Menschen bin und wie sehr ich von ihnen gebraucht werde?
- Möchte ich ganz Frau sein, aber dennoch stark und unabhängig wirken? Macht es mir Freude, Männern zu zeigen, wo sie ihre Schwächen verstecken und dass sie Frauen eigentlich nicht das Wasser reichen können? Trage ich gern Männerkleidung, um zu signalisieren, wie gut ich die männlichen Qualitäten in mein Frausein integriert habe? Rede ich gern schnell und viel, um damit meine intellektuelle Kompetenz unter Beweis zu stellen?

Jäger? Ich doch nicht!

- Mache ich mich gern lustig über die Muskelprotze, die vor lauter Kraft nicht gehen können, oder über die Yuppies im schwarzen Mercedes? Habe ich kein Interesse an der Konsumgesellschaft, in der nur Geld und Image zählt? Lehne ich das Geldverdienen womöglich als oberflächlich ab und empfinde es als eine viel größere Leistung, mich der Einfachheit und Askese zu verschreiben?
- Halte ich meine Schöngeistigkeit für eine bewundernswerte Stärke? Bin ich Meister in der Kunst, über alles zu reden – über Gefühle wie über gesellschaftsrelevante Werte –, ohne dass meine Persönlichkeit dabei zu Tage tritt? Empfinde ich menschliche Nähe als irgendwie kleinlich?
- Fühle ich mich oft ungeliebt, falsch verstanden und überfordert? Kommt meine Stärke allenfalls darin zum Ausdruck, dass ich mich über Missstände aufrege, an denen ich natürlich nicht wirklich etwas verändern kann?
- Halte ich mich gern bescheiden im Hintergrund, weil ich niemanden stören und nichts falsch machen

möchte? Warte ich geduldig ab, bis jemand meinen wahren Wert erkennt?

- Bin ich der Coole, der stets den Anschein erweckt, selbstständig zu sein und niemanden zu brauchen, schon gar keine Frauen? Habe ich manchmal Angst, dass jemand die Bedeutungslosigkeit hinter meiner Fassade erkennt? Benehme mich oft dominant und anmaßend, damit mir keiner zu nah kommt und mich durchschaut?

In meinem Alter …

- Habe ich genaue Vorstellungen davon, was in welchem Alter für mich dran ist, zum Beispiel: Bis 25 sollte ich lernen und mich auf den Beruf vorbereiten. Bin ich so lange frei, beweglich und ohne weitere Verpflichtungen, und passen auch Kinder und eine feste Beziehung dort nicht hin? Zwischen 25 und 50 sollte ich mich etablieren, eine Familie gründen, mich in meinem Beruf profilieren und materielle Sicherheiten schaffen. Zwischen 60 und 65 sollte ich mich auf dem Höhepunkt meines Erfolges befinden. In der Zeit sollte mein Leben ohne größere Höhen und Tiefen verlaufen, damit ich es mir ab 65 gemütlich mache kann.
- Oder halte ich in jeder Phase meines Lebens alles für möglich? Sind berufliche und private Veränderungen vielleicht sogar genau das, was mein Leben lebenswert macht, egal in welchem Alter ich bin, wenn sie auftauchen?
- Glaube ich, dass mein Körper einem vorgegebenen Alterungsprozess unterworfen ist, der etwas mit Wechseljahren, Hormonumstellung, sinkender Widerstandskraft und wachsender Steifheit zu tun hat?
- Oder folgt mein Körper meinen Sehnsüchten und meinem Lebensgefühl und bleibt so jung, wie ich mich fühle?

Teil 3

Die Energie der Liebe

Seien Sie mal ehrlich: Wie oft sagen und tun Sie in Ihrem Alltag Dinge, die Sie überhaupt nicht sagen oder tun wollen? Und wie oft lassen Sie sich von Ihren schönen Ideen, die Sie so gern zum Ausdruck bringen würden, abbringen, obwohl Sie spüren, dass es Sie Energie kostet und die Lebensqualität, nach der Sie sich sehnen, nicht fördert? Wie selten schlafen Sie lächelnd ein, wenn Sie an den vergangenen Tag denken, und wie selten wachen Sie begeistert auf, freuen sich auf den kommenden Tag und stürzen sich voller Motivation ins Leben?

Genau wie wir uns oft in sinnlosen Aktionen verlieren, die uns nicht wirklich berühren, verlieren wir uns auch häufig in der Partnerschaft, von der wir uns all das erhoffen, was wir glauben, nicht allein in unser Leben bringen zu können. Vor lauter Sehnsucht nach Sicherheit, Geborgenheit und dem, was wir unter Liebe verstehen, versuchen wir möglichst alle Erwartungen des Partners zu erfüllen und glauben uns damit das Recht zu erwerben, auch unsere Wünsche von ihm erfüllt zu bekommen. Auf diese Weise entwickeln wir immer mehr Verlustängste, geraten in Abhängigkeiten und spielen Rollen, in denen wir unsere Sehnsüchte nicht mehr spüren und unser Leben eher ein Überleben als ein Abenteuer ist.

Wir sind aber nicht auf dieser Welt, um möglichst wenige Probleme zu haben und stets perfekt abgesichert zu sein. Vielmehr sollten wir als energetische Wesen daran interessiert sein, uns zu freuen und lustvoll durchs Leben zu gehen – und das hat mit Sicherheit nicht viel zu tun. Wenn Sicherheit und Lebensfreude einander bedingen würden, müssten die meisten Menschen, die in Sicherheit und relativem Wohlstand leben, auch vergnügt sein, aber das ist ganz offensichtlich nicht der Fall. Unsere Eltern haben ihre Sache gut gemacht. Sie haben uns ins Leben gebracht und offensichtlich erfolgreich lebensfähig gemacht. Und doch werden die meisten Eltern von ihren Kindern nicht mit Dank überschüttet, sondern eher mit merkwürdigen Vorwürfen, weil sie in ihrer Erziehung dies und jenes nicht berücksichtigt haben. Scheinbar geht es vielen von uns eben nicht nur ums Überleben und um emotionale und materielle Sicherheit. Worum aber dann? Solange wir diese Frage für uns selbst nicht beantwortet haben, können wir die eigentlichen Möglichkeiten einer Partnerschaft und des Lebens an sich überhaupt nicht erkennen. Wenn wir hauptsächlich nur unseren inneren Mangel spüren und fürchten, ohne Hilfe von außen unterzugehen, können wir die Geschenke, die andere Menschen für uns bereithalten, nicht annehmen.

Worum geht es mir im Leben? Diese Frage kann nur jeder für sich persönlich beantworten, aber vielleicht kann Ihnen meine Sichtweise beim Finden einer Antwort helfen. Ich betrachte den Menschen nicht nur als Produkt seiner Vergangenheit, sondern auch als ewiges Wesen, das durch die physische Zeugung in diese Welt gekommen ist und bereits eine Grundpersönlichkeit und eine Bestimmung hierher mitbringt. Diese Bestimmung will zum Ausdruck gebracht und erfüllt werden. In vielen

Beratungssitzungen konnte ich beobachten, dass Menschen zwei Arten von Sehnsucht haben: die Sehnsucht nach einer ganz bestimmten Art und Weise durchs Leben zu gehen und die Sehnsucht, ein bestimmtes Ziel zu erreichen. Das, worauf sich die erste Sehnsucht bezieht, nenne ich *Lebensstil*, die Art und Weise, wie wir durchs Leben gehen möchten, damit wir uns wohl fühlen und uns freuen – über die Dinge, die uns umgeben, und über das, was wir erleben, tun, denken, fühlen und wahrnehmen. Wenn wir unser Leben so gestalten, dass es uns gut tut, haben wir Energie im Überfluss und bleiben gesund und innerlich jung, denn das Leben nährt uns. Die zweite Sehnsucht ist die nach einem *Lebensziel*. Sie veranlasst uns, nach etwas zu suchen, was unser Herz berührt, was wir erlebt, begriffen oder geschaffen haben wollen, bevor wir sterben. Sie veranlasst uns, den Weg des Herzens zu gehen.

Indem wir so leben, wie es uns entspricht, und den Weg des Herzens gehen, erfüllen wir unsere Bestimmung, und das hat nichts mit Angst zu tun, sondern mit Freude. Wenn wir so leben, haben wir unbegrenzte Energie, sind gesund und mühelos erfolgreich. Wenn wir uns jedoch für den Weg der Sicherheit entscheiden, der immer auch der Weg der Angst ist, verstricken wir uns in Abhängigkeiten und müssen uns ernorm anstrengen, weil wir immer wieder Dinge tun, denken und fühlen, die uns nicht entsprechen. Wir bleiben innerlich leer, selbst wenn wir ein gutes Einkommen haben und ein scheinbar bequemes Leben führen. Zu einem solchen Leben gehört meist auch eine »problemlose« Partnerschaft, in der keiner auf dumme Gedanken kommt und wo die bedrohlich erscheinende Stimme des Herzens kein Gehör findet.

Auf dem Weg des Herzens geht es weniger geordnet und sicher zu, aber dort ist genügend Raum für unser

Wesen und seinen Ausdruck. Dort können wir all die Fähigkeiten und Möglichkeiten leben, die wir in dieses Leben mitgebracht haben. Und welche Bedeutung haben andere Menschen auf diesem Weg, der Partner zum Beispiel? Unser Partner könnte ein Mensch sein, der uns durch seine Art zu leben an unsere eigene Bestimmung erinnert. Er könnte uns helfen, den zu uns passenden Lebensstil zu finden. Er könnte unsere Phantasie beflügeln und uns inspirieren, unsere Lebensziele zu entdecken und zu erreichen. Er könnte uns helfen, unser Wesen zur Entfaltung zu bringen. Aber woher sollen wir wissen, welcher Mensch zu unserem Wesen passt? Und wie sollen wir einen solchen Menschen finden?

Liebe und Bestimmung

Wir werden ihn oder sie nur erkennen und anziehen können, wenn wir unser eigenes Wesen spüren. Es geht also gar nicht darum, nach dem perfekten Partner zu suchen, sondern vielmehr nach unserem eigenen Wesen, nach unserem natürlichen Lebensstil und unseren möglichen Lebenszielen. Erst wenn wir eine Ahnung davon bekommen haben, können wir entscheiden, nach was für einem Partner wir Ausschau halten sollten oder ob unser jetziger Partner noch zu uns passt. Unter diesem Gesichtspunkt haben sämtliche Rollen, die wir in unserem bisherigen Leben gespielt haben, natürlich keine Bedeutung mehr. Sie genau zu durchleuchten ist dennoch wichtig, um sie gegebenenfalls ablegen oder gegen andere austauschen zu können. Wenn wir erst so weit sind, sind wir auch in der Lage einen Menschen anzuziehen, der kein Rollenpartner ist, sondern ein Partner für unser Wesen.

Vielleicht fragen Sie jetzt: Was ist das, mein Wesen? Und was ist meine Bestimmung? Auf diese Fragen gibt es keine schnellen und einfachen Antworten. Jahre voller Irrtümer und Erfolge können dahingehen, bevor Sie eine etwas deutlichere Vorstellung von Ihrer Bestimmung haben. Aber unabhängig davon, wie schnell Sie auf diesem Weg vorankommen und wie genau Sie Ihre Bestimmung erahnen, kann Ihr Partner Sie allein dadurch unterstützen, dass er Ihre Ideen unterstützt, Sie in gemeinsamen Gesprächen inspiriert, Sie motiviert und aufbaut und Sie mit der Kraft seiner Liebe auf Ihrem Weg begleitet. Wenn das der Fall ist, haben Sie das größte Geschenk einer Partnerschaft bereits erhalten.

Suchen Sie nach Hilfen auf dem Weg zu Ihrer Bestimmung? Dann erlaube ich mir, Sie auf mein Buch *Entfalte Deine Bestimmung* hinzuweisen. Dort zeige ich mit vielen praktischen Übungen, wie Sie Ihre Wahrnehmung für die tieferen Schichten Ihres Wesens öffnen und Ihre Bestimmung erkennen und entfalten können. Die zehn Schritte zu einer erfüllten Partnerschaft in Teil 4 dieses Buches geben Ihnen weitere praktische Hilfen für den Weg aus den Rollenspielen in ein freies Leben und in eine erfüllte Partnerschaft.

An dieser Stelle möchte ich vom größten, aber auch am meisten missverstandenen Geschenk einer Partnerschaft sprechen, von der Liebe.

Liebe, was ist das überhaupt?

Wir alle suchen Liebe, wissen aber meist gar nicht so genau, wonach wir suchen. Von klein auf wurden wir mit unterschiedlichsten Informationen darüber versorgt, was

Liebe ist oder zu sein hat, mit religiösen, ethischen, sozialen Vorstellungen, aber auch mit simplen Aussagen wie: Liebe ist, wenn man nicht mehr denken kann. Liebe ist Hingabe und das Aufgeben des persönliches Leben (= Egoismus). Lieben heißt, seine menschliche Erfüllung zu finden. Liebe bedeutet, den leeren Platz an seiner Seite gefüllt zu bekommen. Liebe will für den anderen da sein.

In diesem Kapitel möchte ich Ihnen erklären, wie ich selbst Liebe erlebt habe – allein, auf außerkörperlichen Reisen, mit der Natur, mit Menschen. Dabei geht es mir nicht darum, meine eigenen Erfahrungen und Sichtweisen als richtiger oder wichtiger darzustellen als die anderer Menschen. Im Laufe der Jahre konnte ich jedoch beobachten, dass viele Menschen, mit denen ich meine Ideen teile, ihr Leben neu zu ordnen begannen und einen eigenen Zugang zur Liebe entwickelten, der sie irgendwie freier machte und mit mehr Freude und Leichtigkeit durchs Leben gehen ließ. Vielleicht werden meine Sichtweisen auch bei Ihnen eine solche Wirkung haben, was ich mir natürlich wünsche. Doch lassen Sie mich zunächst kurz einige andere, sehr geläufige Konzepte beschreiben.

In unserem christlichen Kulturkreis bringt man uns bei, Gott zu lieben, weil Gott uns auch liebt und als Teil von sich erschaffen hat. Gott, so hören wir, sei ewig, wir Menschen dagegen vergänglich und nur dazu da, von seiner Macht und Herrlichkeit zu zeugen. Vielleicht fanden Sie es als Kind auch merkwürdig, an etwas zu glauben beziehungsweise etwas zu lieben, das Sie nicht sehen können und das offenbar auch niemand anders sehen kann. Das ist in der Tat viel verlangt, vor allem in einer Entwicklungsphase, in der man noch ernsthaft versucht, zu allem eine eigene Sichtweise zu finden, die Dinge eigenständig zu erforschen und selbst zwischen richtig und falsch unterscheiden zu lernen. Bei mir war es jedenfalls so, und ich hatte viele Fragen, die mir weder meine Eltern noch Lehrer oder Priester beantworten konnten: »Wenn Gott uns liebt und erschaffen hat, warum dann nur, damit wir ihn lieben und bewundern sollen? Warum will Gott nicht, dass wir das tun, was uns Spaß macht, wo er doch auch unsere Wünsche erschaffen hat? Warum gibt es Krieg und Krankheit auf der Welt? Wenn Gott alles weiß und die Menschen liebt, will er doch sicher auch, dass es ihnen gut geht? Warum lässt Gott zu, dass es einen Teufel gibt, der uns Böses tut und in die Hölle lockt, wenn er doch viel mächtiger ist und alles erschaffen hat?«

Meine Fragen riefen damals ziemlichen Ärger hervor oder waren einfach lästig. Auf jeden Fall wurde mir öfter der Mund verboten und ich bekam den Rat, einfach zu glauben und Gott zu lieben. Aber mir war nicht klar, wie das gehen sollte, wo ich einfach nicht verstehen konnte, wer oder was Gott ist, wie er denkt oder warum er die Dinge tut, die er tut. Ich glaube auch heute noch nicht, dass es uns wirklich gelingt etwas zu lieben, das wir nicht verstehen oder bewusst wahrnehmen können. Viele religiöse Menschen versicherten mir immer wieder, wie sehr sie hinter Gott stünden und ihn liebten, aber wenn ich fragte, wohinter sie denn genau stehen und was genau an Gott sie lieben würden, redeten sie sich meiner Meinung nach heraus mit flachen Aussagen über ihren festen Glauben und einen höheren Sinn, den man einfach nicht verstehen könne. Für mich aber bedeutet etwas zu glauben nichts zu wissen. Kann ich etwas lieben, worüber ich nichts Genaues weiß?

Die Tendenz, nicht so genau zu unterscheiden zwischen glauben, wahrnehmen und wissen, also zwischen Spekulation und Erfahrung, hat aber nicht nur in die Religion Eingang gefunden, sondern in alle Lebensbereiche. Natürlich können wir eine Idee von etwas haben und uns in diese Idee verlieben, aber das ändert nichts daran, dass es eben nur unsere Idee ist. Ähnlich merkwürdig wie die Verknüpfung des unfassbaren Phänomens Gott mit Liebe erscheint mir auch die unterstellte Verbindung zwischen Liebe und bestimmten ethischen Vorstellungen: Wenn wir einen Menschen lieben, müssen wir uns auch um ihn kümmern und das tun, was für ihn am besten ist. Aber wer sagt uns, was das Beste ist und welche Art von Ethik unserer Vorstellung von Liebe entspricht? Soll man Menschen, die bewusstlos im Koma liegen oder schwer krank an der Schwelle zum Tod sind, künstlich am Leben erhalten? Oder wäre es ein Ausdruck von Liebe und Respekt ihnen und dem Leben gegenüber, wenn man sie dem natürlichen Fluss des Lebens überließe? Ist es liebevoll und ethisch, alte Menschen auf einer Eisscholle auszusetzen und sie ganz bewusst ihre letzte Reise antreten zu lassen, wie die Eskimos das zu tun pflegten? Oder sollte man sie lieber langsam im Altersheim vor sich hin sterben lassen und in Kauf nehmen, dass sie mehr und mehr die Achtung vor sich selbst verlieren? Gebietet es die Liebe, eine Partnerschaft um jeden Preis zu erhalten, damit die Kinder zumindest ein Zuhause haben, auch wenn dieses Zuhause von Spannung und Streit oder gar Gewalt geprägt ist? Oder wäre es besser, den Kindern ein friedliches, freudvolles Leben zu bieten, wenn auch allein oder mit einem neuen Partner? Gebietet es die Liebe, sich als Partner eines zunehmend kränker werdenden Menschen selbst aufzugeben und kein eigenes Leben mehr zu führen? Oder bedeutet dies, die Liebe zu sich selbst und zur eigenen Bestimmung zu verlieren?

Bei unseren Vorstellungen von Liebe handelt es sich weniger um kosmische Wahrheiten als um die Ideen einiger Menschen, die jeweils als allgemeine Überzeugungen in den Zeitgeist integriert wurden. Kosmische Wahrheiten müssten ewige Gültigkeit besitzen, doch die Aussagen darüber, was Liebe ist, wie oder wodurch sie entsteht, worauf sie gerichtet sein sollte und wie sich jemand verhält, der etwas oder jemanden liebt, ändern sich ständig. Ist Liebe überhaupt als universelle Wahrheit erfahrbar, die von allen Menschen gleich aufgefasst und wahrgenommen werden kann? Ich glaube schon. Das Problem ist nur, dass viele Menschen nicht Liebe in sich spüren, sondern lediglich etwas, das sie dafür halten, weil sie bestimmte Vorstellungen über die Liebe übernommen haben, ohne sich ein eigenes Bild davon zu machen. Anstatt nach Liebe zu suchen, wird über Liebe geredet. Anstatt die Liebe als Quelle von Freude und Freiheit zu erleben, wird sie mit Regeln, Zwängen und Leid in Verbindung gebracht.

Und wie stellt sich die Liebe in der Partnerschaft dar? Genauso schwierig?

Dort scheint man über Liebe bestens Bescheid zu wissen, sogar über das Liebemachen. Man hat meist ganz klare Vorstellungen davon, was Liebe bedeutet und was in einer liebevollen Partnerschaft erwartet werden kann, auch ohne dass man sich mit philosophischen Konzepten über die Liebe auseinander gesetzt hat. Leider decken sich diese klaren Vorstellungen nicht unbedingt mit dem real Erlebten, denn im partnerschaftlichen Alltag ist es dann eben doch nicht immer so einfach mit der Liebe. Ganz im Gegenteil. Schon bald nach Abklingen der anfänglichen Verliebtheit beginnen sich Verlustängste, Zweifel und Enttäuschung breit zu machen, und schon bald platzt die Illusion von der großen Liebe wie eine Seifenblase.

Erinnern Sie sich an die Zeit, in der Sie heftig verliebt waren? Irgendwann ist Ihnen eine Person besonders aufgefallen, vielleicht durch ihre äußere Erscheinung oder ihre Art sich zu geben und mit dem Leben umzugehen. Mit der Zeit oder auch ganz plötzlich waren Sie so begeistert von diesem Menschen, dass Sie ständig über ihn nachdenken mussten und von ihm erzählen wollten, wobei Sie meistens ganz bestimmte Aspekte betonten. Auch suchten Sie, wann immer es möglich war, bewusst die Nähe dieser Person, denn natürlich wollten Sie das, was Sie so sehr an ihr mochten und bewunderten, möglichst oft mit ihr erleben und teilen. Je mehr solcher gemeinsamen Erlebnisse es gab oder je häufiger Sie die Person beobachten und das an ihr wahrnehmen konnten, was Sie so sehr liebten, desto mehr schwebten Sie auf rosa Wolken und desto intensiver wurde Ihre Verliebtheit. Dabei spielte es überhaupt keine Rolle, wie gut Sie die Person kannten und ob Sie in der Realität Kontakt mit ihr hatten oder vielleicht nur in Ihrer Phantasie. Wesentlich war für Sie nur das, was Sie begeisterte und worauf Sie Ihre Wahrnehmung fixiert hatten. Der ganze Rest der Person war nebensächlich, denn Sie nahmen nur wahr, was Sie an ihr mochten und was Sie interessierte. Mit wachsender Verliebtheit wuchs auch Ihre Hoffnung auf mehr. Sie lauerten auf jedes Zeichen, das Ihnen verriet, dass auch Sie von der geliebten Person bemerkt und gemocht wurden. Kam kein Zeichen, waren Sie enttäuscht. Andererseits gaben Sie jedem noch so kleinen Zeichen eine enorme Bedeutung und schickten selbst viele solcher Zeichen in den siebten Himmel. Und wenn Ihr Schwarm in der Nähe war, fühlten Sie sich einfach wohl. Je enger der Kontakt wurde, desto mehr fieberten Sie dem ersten sexuellen Austausch entgegen, dem für Sie wichtigsten Zeichen von Nähe, Vertrautheit und Verbindlichkeit. Und erst nachdem es dann endlich dazu gekommen war, konnten Sie sich wieder glücklich entspannen. Noch immer betrachteten Sie Ihren neuen Partner liebevoll durch die rosarote Brille, ganz fixiert auf das, was Sie ursprünglich so an ihm bewundert hatten. Doch dann, ganz allmählich, fingen Sie an, auch andere Aspekte an Ihrem geliebten Partner wahrzunehmen – Aspekte, die Sie vielleicht weniger mochten. Vielleicht hatten Ihre Freunde Sie schon darauf aufmerksam gemacht, aber Sie hatten nichts davon hören wollen. Manches war Ihnen möglicherweise sogar selbst aufgefallen, aber Sie hatten es wohlwollend ignoriert, weil Sie so verliebt gewesen waren. Doch in dem Maße, in dem Ihre Wahrnehmung immer klarer wurde, kamen immer mehr der von Ihnen weniger geschätzten Aspekte Ihres Partners ans Licht, und das, was Sie ursprünglich so begeistert hatte, trat in den Hintergrund. Sie fühlten sich in Ihren Erwartungen enttäuscht, in Ihren Hoffnungen betrogen und vielleicht sogar hinters Licht geführt, weil der andere plötzlich sein wahres Gesicht zeigte. Dass Sie dieses Gesicht vorher gar nicht hatten sehen wollen, obwohl Sie es durchaus hätten sehen können, fiel Ihnen dabei gar nicht auf. Allmählich merkten Sie, dass sich Ihre verliebten Gefühle in Groll und Enttäuschung verwandelten. Nun versuchten Sie vielleicht, mit Vorwürfen Druck zu erzeugen, um den »geliebten« Menschen zur Besinnung zu bringen und zu bewirken, dass er sich Ihnen wieder so liebevoll zuwenden würde, wie Sie es erwarteten. Oder Sie zeigten ihm die kalte Schulter und wollten ihm damit deutlich machen, dass er sich jetzt schon ein bisschen anstrengen musste, wenn er Sie noch einmal versöhnlich stimmen wollte. Und als er trotz all dieser Aktionen nicht wieder so wurde, wie er einmal gewesen war, schwand Ihre Verliebtheit immer mehr dahin und eine tiefe Ablehnung machte sich in Ihnen breit.

»Das war bei mir nie so«, denken Sie jetzt vielleicht. »Bei mir war es echte Liebe, die sogar erhalten blieb, nachdem wir uns auseinander gelebt hatten.« Na gut, dann war es bei Ihnen nicht so, aber sicher haben Sie jemanden in Ihrem Bekanntenkreis, bei dem die Phase der Verliebtheit von Gleichgültigkeit oder gar negativen Stimmungen wie Verletzt- oder Gekränktsein, Enttäuschung oder Wut abgelöst wurde.

Wäre die anfängliche, oft sehr plötzlich aufflackernde Verliebtheit tatsächlich Liebe, könnte sich diese dann so leicht auflösen? Ist es denkbar, dass Liebe so wenig Bestand hat, dass sie einfach kommt und geht wie der Wind? Tief innen glauben Sie das sicher nicht. Wenn es also keine Liebe war, die da aufflackerte, was war es dann? Welche Kraft kann uns so leicht in Besitz nehmen, uns eine rosarote Brille aufsetzen und bewirken, dass wir unsere Wahrnehmung nur noch auf das richten, was uns begeistert?

Um diese Frage beantworten zu können, sollten wir zunächst klären, was es überhaupt ist, was uns an anderen Menschen begeistert – im Zustand der Verliebtheit, aber auch sonst.

Wir haben bereits an anderer Stelle erfahren, dass wir mehr sind als das Produkt unserer Geschichte, nämlich Wesen mit individuellen Sehnsüchten und Fähigkeiten, die wir alle zum Ausdruck bringen möchten, um zu unserer Bestimmung zu finden. Und wenn wir unsere Sehnsüchte spüren und unsere Fähigkeiten entfalten, gibt uns das Energie und Freude und macht uns lebendig. Unser Problem ist allerdings, dass wir uns schon früh im Leben an äußeren Vorbildern orientieren und schließlich in Rollen verlieren, die uns tatsächlich zu einem Produkt unserer Geschichte machen, sodass wir unser Wesen nicht mehr bewusst wahrnehmen können. Wir ahnen es zwar, aber leider nicht deutlich genug, um ihm Ausdruck verleihen zu können. Fremde Einflüsse haben unseren Blick auf das getrübt, was wir wirklich sind. Um die verborgenen oder noch nicht ausgedrückten Aspekte unseres Wesens erkennen zu können, müssen wir an sie erinnert werden. Das heißt, wir brauchen neue Vorbilder, Menschen, die uns das vorleben, was wir auch sein könnten beziehungsweise schon sind, aber bis jetzt noch nicht zum Ausdruck bringen konnten. Diese Menschen erinnern uns daran, dass wir ganz ähnlich sind wie sie und genau so leben könnten. Wir sind nur noch nicht auf die Idee gekommen oder haben es uns zumindest noch nicht zugetraut.

Alles, was uns an Menschen gefällt, aber auch an Pflanzen, Tieren oder Gegenständen, hat irgendwie mit uns zu tun, sonst könnten wir gar nicht damit in Resonanz gehen. Und genau das passiert, wenn wir uns verlieben: Wir gehen in Resonanz mit etwas, das uns entspricht. In einem Menschen, in den wir uns verlieben, erkennen wir Fähigkeiten und Eigenschaften, die wir selbst in uns tragen, aber natürlich ist uns das nicht bewusst, weil wir eben diese Fähigkeiten und Eigenschaften bisher noch nicht zum Ausdruck bringen konnten. Verliebte wollen das auch gar nicht so sehen, denn warum sonst würden ihre Blicke so hartnäckig auf das gerichtet bleiben, was sie an der geliebten Person begeistert, während sie alle anderen Aspekte einfach ausblenden. Warum denken sie ständig darüber nach, wie sehr sie den anderen lieben, wie viel er ihnen bedeutet und wie leer ihr Leben ohne ihn wäre, während sie sich kaum fragen, was ihnen selbst wichtig ist und was sie bewegt? Verliebte sehen und spüren in dem oder der Geliebten das, was sie für sich selbst ersehnen: Eigenschaften, Fähigkeiten oder auch Lebensqualität. Das alles soll nun allein durch die Nähe zu der geliebten Person auch in ihr eigenes Leben kommen, also ganz ohne dass sie selbst etwas dazu beitragen müssen. So entsteht das Gefühl, die geliebte Person zu brauchen oder besser gesagt den Aspekt von ihr, in den man verliebt ist. Es ist nämlich keineswegs die ganze Person des oder der Angebeteten, an welcher der Verliebte hängt, sondern vielmehr ihre Funktion als Vorbild oder Hilfe zur Erfüllung der eigenen Sehnsüchte.

Deshalb wird es auch als so schlimm empfunden, wenn sich die geliebte Person plötzlich zu verändern scheint oder Seiten zeigt, die so ganz anders sind als das, in was man sich verliebt hat. Dann macht sich Angst breit, das wieder zu verlieren, was man gerade gefunden zu haben glaubte. Plötzlich wird der andere nicht mehr nur mit liebevollen Augen betrachtet, sondern eifersüchtig kontrolliert und mit Vorwürfen und Schuldzuweisungen unter Druck gesetzt, weil er die erhofften Erwartungen nicht mehr erfüllt. Mit Liebe hat das nichts mehr zu tun. Ebenso wenig zeugt es von Liebe, wenn wir uns durch den Partner an unsere Fähigkeiten erinnert haben, unsere Sehnsüchte allmählich allein erfüllen können und dann feststellen, dass wir den Partner ja gar nicht mehr brauchen und er auch mehr und mehr langweilig wird. Unsere verliebten Gefühle gehen dann so schnell wie sie kamen, denn es gibt ja nichts Neues und Interessantes mehr, jedenfalls nicht an diesem Partner.

Verliebtheit ist eben keine unvergängliche Liebe, sondern eher ein natürlicher Prozess, der kommt und geht und uns die Möglichkeit gibt, viel an uns selbst zu entdecken und es zum Ausdruck zu bringen. Der Mensch, den wir als Hilfe für die Entfaltung unserer eigenen Lebensqualität gebrauchen wollen, spielt dabei kaum eine Rolle, außer der eines Objekts, das wir aus egoistischen Motiven haben wollen und dem wir hauptsächlich das gönnen, was uns selbst oder der Beziehung gut tut.

Wahrscheinlich möchten Sie diese unangenehme Erkenntnis nicht so einfach wahrhaben und schon gar nicht zugeben, dass Sie selbst mitunter das egoistische Verhalten eines Verliebten an den Tag gelegt haben, aber wenn Sie die wirkliche Liebe finden wollen, sollten Sie wenigstens sich selbst gegenüber ehrlich sein.

Gegensätze ziehen sich an, oder nicht?

Wenn wir uns immer von den Eigenschaften und Fähigkeiten eines anderen Menschen angezogen fühlen, die wir auch in uns haben und nur nicht ausleben, wieso sagt man dann: Gegensätze ziehen sich an? Wenn meine bisherigen Aussagen stimmen, müsste es doch heißen: Gleich und Gleich gesellt sich gern. Nun, ob wir finden, dass sich Gegensätze anziehen oder dass Gleiches sich gern zu Gleichem gesellt, ist von unserer jeweiligen Betrachtungsebene abhängig. Aber interessanterweise bestätigen beide Aussagen meine Beobachtungen zur Verliebtheit. Lassen Sie mich das an einem Beispiel erklären:

Stellen Sie sich vor, dass Sie als Mädchen geboren wurden, mit einem sehr kreativen Wesen und mit einer deutlichen Tendenz zu Neugier und Abenteuerlust. Aufgewachsen sind Sie aber bei strukturierten, kleinlichen und ängstlichen Eltern, was zur Folge hatte, dass Sie eine ausgeprägte Schüchternheit und Gehemmtheit entwickelt haben, vielleicht sogar verbunden mit übertriebener Angst vor allem Neuen und Unberechenbaren. Ihre neugierige und abenteuerlustige Seite wurde verdrängt, und Ihre Kreativität lebten Sie nur zu Hause aus, vielleicht indem Sie ein Instrument spielten, malten oder sich mit Handarbeiten beschäftigten. Dass Ihnen etwas fehlte, fiel Ihnen zunächst nicht weiter auf.

Nun treffen Sie eines Tages auf einen jungen Mann, der zwar mit den gleichen Anlagen geboren wurde, aber anders als Sie in einem einfachen Elternhaus aufgewachsen ist, wo es eher derb und unübersichtlich zuging. Um sich in diesem Umfeld behaupten zu können entwickelte er seine abenteuerlustige, hemmungslose, freche Seite, und seine feinsinnige Kreativität wurde von einer gewissen Plumpheit überlagert. Oberflächlich betrachtet sind Sie beide das genaue Gegenteil voneinander, aber tief innen sind Sie einander sehr ähnlich. Sie erkennen sofort, dass der andere etwas lebt, was Sie auch gern leben würden, und sind begeistert. Es funkt zwischen Ihnen – auf Ihrer Seite sofort, bei ihm erst etwas später, weil er ja der raubeinige Typ geworden ist, der sich solche Gefühle ungern eingesteht und auch vor seinen Kumpels lieber den Coolen spielt. Sie sind fasziniert von seiner lockeren, direkten Art, die kein Blatt vor den Mund nimmt. Er fühlt sich angezogen von der Art, wie Sie Ihre Umgebung betrachten und so viel Interessantes und Schönes bemerken, und vor allem von der Sensibilität, die Sie dabei ausstrahlen. So wäre er auch gern, aber in dem groben Umfeld, in dem er aufgewachsen ist, war Sensibilität nie eine erstrebenswerte Eigenschaft.

Sie spüren also beide etwas in dem anderen, was Sie auch in sich tragen und gern ans Licht bringen würden. Die Verliebtheit, die sich nun entwickelt, entsteht aus der Sehnsucht nach den Eigenschaften des anderen, die sich beide für sich selbst wünschen. Der ganze Rest wird ausgeblendet, die Aufmerksamkeit ganz auf das gerichtet, was einen spontan begeistert. Schon bald führt diese Begeisterung dazu, dass Sie sich näher kennen lernen und anfreunden. Ihr hauptsächliches Augenmerk wird sich auch weiterhin eher auf die Eigenschaften des anderen richten, die Sie anfänglich begeistert haben und die Sie auch in sich entwickeln wollen, wozu Sie, wie Sie glauben, die Inspiration genau dieses Partners brauchen. Vielleicht fürchten Sie sogar, die ersehnten Eigenschaften überhaupt nicht entwickeln zu können, und möchten sie einfach durch den Partner leben. Auf jeden Fall wünschen Sie sich, dass Ihr Partner Sie irgendwie an seinen Möglichkeiten teilhaben lässt. Gleichzeitig brauchen Sie das Gefühl, dass Sie auch für ihn wichtig sind und er auch in Zukunft bereit ist, Ihnen alles zu geben, was Sie sich von ihm erhoffen.

Wenn das tatsächlich funktioniert und Sie alles Erhoffte von Ihrem Partner erhalten, wird irgendwann der Punkt kommen, wo Sie das, was Sie an ihm bewundern, in sich selbst entdeckt haben und er als Vorbild nicht mehr interessant für Sie ist. Jetzt, wo Sie selbst frech und direkt geworden sind, können Sie Ihr Leben immer freier und intensiver gestalten und den Blick auf andere Menschen richten, die vielleicht noch viel mehr von Ihren versteckten Persönlichkeitsmerkmalen ans Licht bringen könnten. Und plötzlich ist es vorbei mit der Attraktivität Ihres bisherigen Partners und Sie verlieben sich in einen anderen.

Ganz anders würde der Fall liegen, wenn Sie zu der Überzeugung kommen sollten, Ihre Schüchternheit auch mit der Hilfe Ihres Partners nicht überwinden zu können. Dann würden Sie sich unbewusst entschließen, sich weiter hinter ihm zu verstecken und Frechheit und Abenteuerlust durch ihn zu leben. Ihre Verliebtheit würde anhalten und scheinbar immer intensiver werden. Sie würden sich innerlich von ihm abhängig machen und hätten ständig Angst vor einem möglichen Verlust dieser über ihn neu entdeckten Lebensqualität. Ausdruck dieser wachsenden Abhängigkeit wären beispielsweise rasende Eifersuchtsanfälle, die Sie als Beweis für Ihre intensive Liebe interpretieren würden, obwohl Eifersucht natürlich nur davon zeugt, dass man den Partner für die eigenen Zwecke missbrauchen und völlig in Besitz nehmen will. Statt sich weiterhin liebevoll um Ihren Partner zu kümmern, würden Sie vielleicht anfangen, ihn argwöhnisch zu beobachten und ihm seine Freiheit zu missgönnen.

Liebe ist das sicher nicht. Oder zeugt es etwa von Liebe, wenn ich einen Menschen mit meinen Erwartungen und Hoffnungen bedränge; wenn ich unbedingt möchte, dass er sich meiner Meinung anschließt, weil ich mich sonst nicht respektiert fühle; oder wenn ich ihn eifersüchtig kontrolliere und darauf bestehe, dass er klar zu erkennen gibt, wie sehr wichtig ihm unsere Beziehung ist? Das klingt alles eher nach jener egoistischen Erwartungshaltung, die häufig mit dem Zustand der Verliebtheit einhergeht. Verliebte entwickeln sich nicht selten zu regelrechten Vampiren, die scheinbar bereit sind, viel für den anderen zu tun oder sich gar völlig für ihn aufzugeben, damit sie die Erfüllung ihrer Wünsche und Erwartungen später umso wirksamer einfordern können. Vampire wollen nicht weniger als die Lebenskraft anderer Menschen und setzen auch unschöne Mittel ein, um ihr Ziel zu erreichen: Wutanfälle, Eifersuchtsszenen, Kränkungen, das Erzeugen von Schuldgefühlen und viele mehr. Es wäre sogar möglich, dass ein gewisser Vampirismus die logische Folge einer bestimmten Art von Verliebtheit ist, wie ich sie oben darzustellen versucht habe.

Ich kann mir schon vorstellen, dass viele meiner Leser jetzt innerlich rebellieren, weil sie den Eindruck haben, dass ich dem Zustand der Verliebtheit die ganze Romantik nehme. Aber sagen Sie doch mal zu Ihrem geliebten Partner: »Ich liebe dich, aber ich brauche dich nicht. Ob du da bist oder nicht, ändert an meinem Leben nicht viel. Bist du da, fühle ich mich wohl, weil ich dich liebe. Bist du nicht da, fühle ich mich auch wohl, weil ich dich liebe.« Wie wäre wohl die Reaktion?

Ein vampirischer Verliebter wäre sofort gekränkt und würde sich in seinem Größenwahn missachtet fühlen, denn er will gebraucht werden, damit er sich seines Lebensspenders auch weiterhin sicher sein kann. Ein wirklich Liebender würde sich darüber freuen, dass Sie frei und selbstständig sind und damit auch ihm seine Freiheit schenken.

Liebe und Sexualität

Noch heikler ist das Thema Sexualität zwischen Verliebten. In der gegenseitigen Begeisterung will man die Nähe zum Partner erleben, will ihn spüren, durchdringen und mit ihm verschmelzen. Diese Sehnsucht nach Verschmelzung mit dem, was einem selbst entspricht, scheint überhaupt der Kern des sexuellen Austauschs zu sein. Das

Problem ist nur, dass Verliebte in der Regel nur wenige Aspekte des oder der Geliebten entdeckt haben und vielleicht auch noch andere Menschen kennen, die sie ebenfalls gern intensiv wahrnehmen würden, weil auch sie begehrenswerte Eigenschaften verkörpern.

Auf der einen Seite ist die Lust nach Nähe und sexuellem Austausch, auch außerhalb der Partnerschaft, ein typisches Merkmal von Verliebten, die häufig spüren, dass auch noch andere Wesensaspekte ans Licht wollen, die mit dem ersten Partner nicht aktiviert werden können. Auf der anderen Seite schätzen gerade Verliebte einen lockeren Lebenswandel und außerpartnerschaftliche Zärtlichkeiten überhaupt nicht, weil sie den ausschließlichen sexuellen Austausch mit diesem einen Partner und seine Treue als Zeichen dafür brauchen, dass er auch weiterhin als Spender von Energie und Freude verfügbar bleibt. Das Thema außerpartnerschaftliche Sexualität bleibt also für die meisten tabu, und Treue wird als ganz große Tugend propagiert. Was in dieser Haltung natürlich auch zum Ausdruck kommt, ist wieder eine vampirische Rücksichtslosigkeit, die Treue selbst dann fordert, wenn der Partner vielleicht was anderes bräuchte und sucht, was man ihm aber aus Angst und um der eigenen Bestätigung willen nicht zugestehen kann.

Dass Sexualität auch auf der rein körperlichen Ebene gesucht werden kann, nur weil sie einen nervösen Lustgewinn verschafft, und zwar völlig unabhängig von Verliebtheit oder gar Liebe, ist kein Geheimnis. Sie ist dann lediglich ein Ausdruck unseres Triebhirns, sorgt kurzfristig für ein gutes körperliches Gefühl, hat aber sonst keine Bedeutung. Im Endeffekt haben wir sinnlos Energie verschleudert und stehen hinterher nicht besser da als vorher. Was aber steckt hinter der Lust, mit andern Menschen zu verschmelzen? Ist es nur der tiefe Drang, neues Leben zu zeugen?

Mir hat eine persönliche Erfahrung geholfen, dieses Geheimnis ansatzweise zu lüften, eine Erfahrung, die grundsätzlich jeder machen kann und die Sie vielleicht selbst schon gemacht haben, ohne sich bewusst daran zu erinnern. Ich werde Ihnen die Geschichte dieser Erfahrung so erzählen, wie sie sich meiner Wahrnehmung nach tatsächlich zugetragen hat. Ob Sie mein Erlebnis für ein Phantasieprodukt halten, für einen Traum oder für die Realität, ist für seine Aussagekraft ohne Bedeutung.

Wie bereits in anderen Büchern von mir erwähnt, besonders in *Das Magische Selbst befreien,* mache ich seit meiner Kindheit in vielen Nächten Erfahrungen, in denen sich mein Bewusstsein in einer Art dichter Energiewolke – halb Licht, halb Nebel – aus dem Körper herauslöst und auf Reisen geht, durch den Raum, manchmal auch durch die Zeit und hinein in andere Dimensionen. Solche außerkörperlichen Erfahrungen bezeichnet man als Astralreisen. Was geschieht auf einer solchen Astralreise? Das Bewusstsein löst sich aus der Identifizierung mit dem Körper, geht auf Reisen und macht Erfahrungen, die im physischen Körper nicht möglich sind. Diese außerkörperlichen Erfahrungen können helfen, das am Tag Erlebte zu verarbeiten und beispielsweise mehr Informationen für die Lösung alltäglicher Probleme zu bekommen. Das passiert übrigens ständig und bei uns allen, aber die meisten Menschen verdrängen diese Erfahrungen, vielleicht weil sie Angst davor haben, vielleicht aber auch, weil die Erfahrungen selbst so kompliziert sind, dass wir sie mit unserer normalen Art zu denken und die Welt zu betrachten, nicht einordnen können. In meinem Fall ist es einfach so, dass ich mich seit meiner Kindheit an diese Reisen erinnern kann. Wenn ich astral unterwegs bin, hat mein Körper entweder die Form einer bläulich-weiß leuchtenden Kugel, die ein bisschen so aussieht wie Milchglas, innen mehr blau, außen mehr weiß, meistens etwa vierzig Zentimeter im Durchmesser. Oder ich bin in meinem üblichen Körper unterwegs, manchmal sogar bekleidet. Das ist abhängig davon, wie stark ich noch dem Körpergefühl verhaftet bin, mit dem ich normalerweise durchs Leben gehe.

Die Begebenheit, von der ich jetzt erzählen will, trug sich zu, als ich Anfang zwanzig war. Als ich in dieser Nacht aufwachte, fand ich mich außerhalb meines Körpers wieder und war als Kugel unterwegs. Wo ich genau war, weiß ich nicht, aber es war nicht zu Hause. Plötzlich näherte sich eine andere Kugel. Sie müssen sich vorstellen, dass man in astraler Kugelform keine Augen, keine Ohren, keine Nase, keinen Mund und auch keine Hände hat, mit denen man etwas wahrnehmen könnte. Vielmehr spürt man die Energien, die durch den Raum fließen, indem man sie entweder durchdringt oder direkt durch sich hindurchfließen lässt, wobei man sich irgendwie verändert. Meistens sind solche Berührungen sehr flüchtig, ganz wie wir im normalen wachbewussten Zustand unsere Augen mal hierhin, mal dorthin streifen lassen und dabei nur flüchtige Eindrücke aufnehmen.

In diesem Fall aber war es anders, und es war das erste Mal, dass ich so etwas erlebte. Ich bemerkte die Kugel und empfand sie als durch und durch attraktiv. Alles, was diese Kugel ausmachte, alle Energien, die von ihr ausgingen, begeisterten mich dermaßen, dass ich nur noch mit ihr verschmelzen wollte. Ihr schien es nicht anders zu gehen. Wir verharrten kurze Zeit ganz still. Dann zog es uns mit enormer Kraft zueinander und es kam zur völligen

Durchdringung. Was ich dann erlebte, übertraf alles, was ich je zuvor erlebt hatte. Es war, als ob alle Energieteilchen in mir vibrierten, und diese Vibration steigerte sich zu einer Art Explosion, gegen die alles, was ich bislang als körperlichen Orgasmus erlebt hatte, nur eine müde Angelegenheit war. Mit einem Gefühl absoluter Zufriedenheit ging ein tiefes Verständnis darüber einher, welches Wesen und welche Energien da in mich eingedrungen waren. Und gleichzeitig mit diesem Begreifen breitete sich eine tiefe Liebe zu dieser Kugel in mir aus – eine Liebe, die nichts wollte, die nichts erwartete, die voller Wohlwollen war und voller Dankbarkeit dafür, dass ich dies hatte erleben dürfen.

Wie lange dieser Zustand anhielt, kann ich nicht so genau sagen, denn er schien irgendwie unabhängig von Zeit und Raum zu sein. Aber als wir uns wieder voneinander lösten und jeder allein seiner Wege ging beziehungsweise schwebte, merkte ich, dass ich nicht mehr der Gleiche war. Die Energien der anderen Kugel hatten Spuren hinterlassen. Sie hatten mich zu mehr gemacht, als ich vorher gewesen war. Ich hatte Aspekte dieser Kugel integriert, und wahrscheinlich war ein Teil von mir jetzt in ihr. Diese Erkenntnis berührte mich tief. Dann fiel mir etwas auf: Ich wusste überhaupt nichts über diese Kugel, ob Sie Mann oder Frau war, alt oder jung, wo sie herkam, was sie machte, wie sie körperlich aussah. Ich wusste nichts von ihr, außer dass sie mir entsprach und wir beide uns gegenseitig Energien schenkten, die in Resonanz mit unserem Wesen waren. Da verstand ich das Wesen von Sexualität und auch den Zustand der Liebe. Auch war mir plötzlich völlig klar, wie kleinlich wir unser Leben gestalten mit unseren Rollenspielen und in den engen moralischen, ethischen und sozialen Grenzen, die wir als gegeben hinnehmen und auf keinen Fall überschreiten wollen. Schlagartig wusste ich, wonach ich von jetzt an suchen wollte, nämlich nach Entsprechung, nach dem, was meinem Wesen entspricht und was Freude und Liebe in mein Leben bringt – ohne feste Maßstäbe, ohne Wertesystem und vor allem ohne Angst.

Das, was ich als Zug zu dieser Kugel hin empfunden habe, war die sexuelle Energie, die durch uns alle fließt. Sie will uns führen und uns zeigen, was zu unserem Wesen passt; was uns diejenigen Gefühle bringt, in denen wir uns wohl fühlen; was uns erkennen lässt, wer wir sind und was wir wollen. Sie will, dass wir all das, was uns entspricht, erfahren, begreifen und integrieren, damit unser Bewusstsein wächst, unsere Energie sich erhöht und wir ein intensives und wesentliches Leben führen können. Sie macht uns neugierig auf alles, verleiht uns Lebendigkeit und Motivation und zeigt uns letztendlich durch das tiefe Begreifen von allem, was wir durchdringen, den Weg zu Schönheit, Freude und Liebe.

Als moderne Menschen sind wir von so vielen Wertesystemen moralischer, ethischer, gesellschaftlicher, religiöser und sogar wissenschaftlicher Art geprägt, dass unsere sexuelle Energie kaum noch frei fließen kann. Wir fühlen uns in Routinetätigkeiten und angstbedingten Zwängen gefangen und haben den Zugang verloren zu der erfrischend freien sexuellen Energie, die ständig Neues in unser Leben bringen will. Stattdessen verbinden wir Sexualität mit Geschlechtlichkeit und Triebhaftigkeit und drücken sie auf der rein körperlichen Ebene völlig übertrieben und zum Teil sogar pervers aus, um die aufgestauten sexuellen Sehnsüchte und Energien loszuwerden.

Kinder leben ihre sexuelle Energie, die man auch ganz allgemein als Lebensenergie bezeichnen kann, noch ganz natürlich aus. Sie geben sich ihrer Neugier hin, probieren alles aus, suchen Nähe und Berührung, bringen ihre Gefühle ungezwungen und direkt zum Ausdruck, bleiben, wo sie sich wohl fühlen, schauen stundenlang an, was ihnen gefällt und finden es schön, ganz frei von irgendwelchen Maßstäben. Wenn sie sich freuen, freuen sie sich mit Haut und Haaren, und wenn sie lieben, dann ganz.

Vieles davon haben wir verloren. Sexuelle Energie halten wir für etwas, das nur in der körperlichen Vereinigung fließen kann, und die ist vielleicht längst zur Routine geworden wie so vieles, worin wir uns verlieren, weil wir unsere Neugier unterdrücken und uns an das halten, was wir kennen. Wir isolieren uns, lassen andere Menschen und auch das Leben nicht mehr richtig an uns heran und sind nicht mehr bereit, Neues zu integrieren. Dabei könnte verspielte Sexualität so viel Lebendigkeit in eine Partnerschaft bringen und so viel Erneuerung, aber wo Erwartungen die wichtigste Rolle spielen, ist dafür kein Raum.

Meditation – Die Sexualität befreien

Diese Meditation hilft dir, offen zu sein für einen tiefen seelischen und körperlichen Austausch mit den Menschen, denen du nahe stehst und die du an deinem Leben teilhaben lassen möchtest. Du wirst bereit sein, ihre Energien in dich aufzunehmen und deine Energien in sie einfließen zu lassen. Entspanne dich jetzt und lass los.

Ich beginne jetzt zu zählen, von eins bis zehn. Lass deinen Körper mit jeder Zahl etwas mehr los. Lass zu, dass er sich entspannt. Bei zehn kann dein Körper schlafen gehen, aber deine Gedanken und deine Wahrnehmung bleiben wach.

Eins: Dein Unterkiefer entspannt sich. Die Muskeln und Nerven in deinem Unterkiefer entspannen sich, lassen los.
Zwei: Deine Stirn entspannt sich. Die Muskeln und Nerven in deiner Stirn entspannen sich, lassen los.
Drei: Deine Lippen entspannen sich. Die Muskeln und Nerven in deinen Lippen entspannen sich, lassen los.
Vier: Deine Wangen entspannen sich. Die Muskeln und Nerven in beiden Wangen entspannen sich, lassen los.
Fünf: Deine Augen entspannen sich. Die Muskeln und Nerven in beiden Augen entspannen sich und lassen los. Die Augen sind klar und entspannt.
Sechs: Deine Kopfhaut entspannt sich. Die Muskeln und Nerven der Kopfhaut entspannen sich, lassen los.
Sieben: Die Entspannung sinkt tief hinein in den Kopf, tief hinein in die Mitte des Kopfes. Der Kopf wird klar, klar, frei und leicht, ganz entspannt.
Acht: Die Entspannung sinkt in den Hals, in den Nacken, in die Schultern, in die Arme, in die Hände. Alle Muskeln und Nerven dort entspannen sich, lassen los.
Neun: Die Entspannung fließt in die Hüften, in die Beine, in die Füße. Alle Muskeln und Nerven dort entspannen sich, lassen los.
Zehn: Die Entspannung fließt in den Rücken, in die Wirbelsäule. Alle Muskeln und Nerven dort entspannen sich, lassen los. Der Rücken wird weich, weich und entspannt. Der ganze Körper geht jetzt schlafen. Der ganze Körper geht schlafen.

Jetzt ist es an der Zeit, alle Gedanken und Gefühle, die dich beschäftigen, für die Dauer dieser Übung loszulassen. Lass sie treiben, während ich weiterzähle, von zehn auf zwanzig. Mit jeder Zahl lass dich treiben, lass deine Gedanken und Gefühle treiben, entspanne, lass los. – Bei zwanzig hast du einen Zustand tiefer Entspannung erreicht. Hier liegt der See deines Unbewussten, der Ort deiner inneren Kraft, frei und zugänglich. Ich beginne jetzt zu zählen. Lass dich treiben.

Elf.
Zwölf: Geh tiefer und tiefer in Entspannung, lass los. Lass deine Gedanken und Gefühle wegtreiben, weg von dir, lass sie los.
Dreizehn.
Vierzehn: tiefer und tiefer in Entspannung.
Fünfzehn.
Sechzehn.
Siebzehn.
Achtzehn: tiefer und tiefer in Entspannung.
Neunzehn.
Zwanzig, zwanzig.
Du hast jetzt den Zustand zwanzig erreicht, den Zustand tiefer Entspannung. Lass los und genieße diesen Zustand vollkommener Entspannung, den Zustand zwanzig.
Im Zustand zwanzig liegt der See deines Unterbewusstseins frei vor dir. Er ist die Quelle deiner unterbewussten Energie, der Ort deiner inneren Kraft.
All deine Gefühle, all deine Gedanken und all deine körperlichen Energien werden in diesem See gelenkt und gesteuert. Was immer du an Gedanken, Gefühlen und Bildern in diesen See hineinfließen lässt, tief auf seinen Grund, wird dort fest verankert. Es wird deine Gedanken und Gefühle prägen und deine Persönlichkeit und dein Verhalten bestimmen.

Erinnere dich jetzt an eine Person, die du kennst und magst oder sogar lieb hast. Oder stelle dir den Typ Mensch vor, zu dem du dich hingezogen fühlst und den du lieb haben könntest.

Wie verhält sich diese Person? ...
Was tut sie? ...
Was ist ihr wichtig? ...
Was an dieser Person zieht dich an? ...
Was mag diese Person an dir? ...
Fühle diese Person, empfinde sie ganzheitlich. Empfinde vor allem die Eigenarten, die dich anziehen.

Jetzt stelle dir vor, wie du mit dieser Person gemeinsam etwas tust, wie du dich mit ihr zusammen zum Ausdruck bringst ... Wie ihr zusammen Spaß habt ... Wie ihr gemeinsam Probleme löst und neue Dinge plant.

Jetzt fühle die Nähe zu dieser Person, lass deinen warmen, verständnisvollen, liebevollen Gefühlen freien Lauf. Empfinde deine Zuneigung zu dieser Person.

Jetzt drücke diese Zuneigung in deiner Vorstellung aus. Zeige sie der Person mit Worten und durch deine Aufmerksamkeit. Sei zärtlich und liebevoll zu ihr und spüre, wie deine Gefühle fließen, wie dich die Nähe zu dieser Person glücklich macht und du in diesem Gefühl ganz nah an sie heranrückst, sie spürst und in ihrem Wesen ganz in dich aufnimmst.

Geh diesen Gefühlen von Liebe und Nähe nun weiter nach und gib ihnen körperlichen Ausdruck. Stell dir vor, wie du die Person berührst, sie spürst und wie der Wunsch in dir wächst, ihr ganz nah zu sein, sie ganz zu spüren und zu umschließen, sie mit deinem ganzen Sein zu durchdringen.

Stell dir vor, wie das Gefühl von Nähe und der Wunsch nach Verschmelzung und Einssein, nach vollkommener Liebe und Zärtlichkeit in dir wachsen. Gib ihnen nach und drücke den

Wunsch nach körperlicher und seelischer Einheit aus. Fühle das Glück, vollkommen und bedingungslos eins zu sein mit dem Menschen, den du liebst. Suche die gemeinsame Erfüllung, in der sich Geben und Nehmen in dem gemeinsamen Haben und Sein auflösen.

Lass dich treiben in diesem Gefühl des liebevollen Einsseins.

Spüre, dass Sexualität der liebevolle und zärtliche Wunsch nach Einheit ist, nach Einheit mit dem, was man liebt. Spüre, wie sich in dieser Einheit die Grenzen des eigenen Ichs verwischen und du dich ins Unbegrenzte ausdehnen kannst.

Lass dieses Verständnis von Einheit und Liebe in dir wirken.

Jetzt ist es Zeit zurückzukehren in den normalen wachbewussten Zustand. Nimm den Wunsch und die Bereitschaft, dem Bedürfnis nach Liebe und Verschmelzung nachzugeben und die Menschen anzuziehen, mit denen du frei und glücklich leben kannst, mit in den Wachzustand.

Ich werde jetzt rückwärts zählen.
Zwanzig ... Neunzehn ... Achtzehn ... Siebzehn ... Sechzehn ... Fünfzehn ... Vierzehn ... Dreizehn ... Zwölf ... Elf.
Komm mehr und mehr zurück in die Wachheit und fang langsam an, dein Umfeld wieder wahrzunehmen, deine Gedanken und Gefühle.
Zehn ... Neun ... Acht ... Sieben ... Sechs ... Fünf ... Vier ... Drei ... Zwei ... Eins.
Du bist nun wieder wach und frisch und dein Körper fühlt sich ausgeruht und erholt an.
Öffne die Augen.

Sie können sich den Text dieser und der folgenden Meditationen einprägen – der genaue Wortlaut ist nicht so wichtig – und ihn innerlich ablaufen lassen, während Sie zum Beispiel entspannende Musik hören. Sie können sich den Text auch auf Kassette sprechen oder sprechen lassen und diese Kassette dann in entspanntem Zustand anhören. Oder Sie besorgen sich die entsprechende, von mir besprochene Kassette/CD, auf der die Meditation mit Musik und Rauschformen unterlegt ist, was ihre Wirkung intensiviert. Eine nähere Beschreibung und Bezugsquelle finden Sie im Anhang dieses Buches.

Wie sich Verliebtheit in Liebe verwandeln kann

Kann aus Verliebtheit Liebe werden? Ich glaube schon, dass dies grundsätzlich möglich ist, aber eben nur bei bestimmten Menschen. Sie müssen in der Lage sein, den Partner frei zu lassen und sich von dem Gedanken zu verabschieden, dass sie ihn brauchen. Sie müssen davon überzeugt sein, dass sie ihr Leben auch aus eigener Kraft intensiv und erfolgreich gestalten können. Sie müssen fähig sein, von selbst in die Gefühle zu kommen, in denen sie sich wohl fühlen, und all das zu integrieren, was ihrem Wesen entspricht und sie wachsen lässt.

Solange wir glauben, andere Menschen zu brauchen, sind wir nicht frei, unseren eigenen inneren Impulsen zu folgen. Solange wir ständig in der Angst leben zu kurz zu kommen, können wir andere niemals frei lassen oder ihnen erlauben zu tun, was sie tun wollen. Solange wir unseren Partner argwöhnisch beobachten, um zu sehen, was er tut und ob er uns gibt, was wir von ihm erwarten, können wir ihn nicht wirklich als das wahrnehmen, was er ist. So betrachtet gibt es wohl nicht allzu viele Menschen, die wirklich liebesfähig sind, weil sie es sich leisten können, die Welt und die Menschen so wahrzunehmen und zu verstehen, wie sie sind.

Verliebtheit ist das Gefühl, etwas entdeckt zu haben, was man haben will, ein Gefühl, das letztlich aus der Wahrnehmung eines Mangels entsteht. Liebe hat damit wenig zu tun, aber was ist dann Liebe?

Wenn ich mich an mein Erlebnis als Astralkugel erinnere, scheint mir die Antwort einfach. Liebe entsteht dort, wo ich etwas völlig frei von Erwartungen und Standpunkten durchdringe und begreife, es als intakt und in Ordnung empfinde und erkenne, dass es in Resonanz zu mir selbst und zu meinem Wesen ist. Liebe ist kein Gefühl, sondern eher ein Bewusstseinszustand, der sich in uns ausdehnt, während wir etwas begreifen und uns damit in Einklang fühlen, ohne dass mehr geschehen muss. Liebe ist ein Wahrnehmungsphänomen und entwickelt sich völlig unabhängig davon, ob etwas geschieht oder wir etwas tun. Am leichtesten können das vielleicht Mütter oder Väter nachempfinden, wenn sie sich daran erinnern, wie liebevoll sie ihr kleines Kind betrachten, das in seinem Bettchen schläft. Was in solchen Momenten zum Ausdruck kommt, ist nicht nur der elterliche Instinkt, der das kleine Wesen schützen will, sondern eine tiefe Liebe, ein völliges Annehmen des Kindes, wie es ist. In den liebevollen Augen einer Mutter oder eines Vaters ist ein Kind immer schön, egal, was es tagsüber angestellt hat und wie anstrengend es war. Wenn Ruhe einkehrt und die angestrengten Nerven sich beruhigt haben, kehrt die Liebe immer wieder zurück. Es ist nicht nur die Liebe der Eltern zum eigenen Kind, sondern noch viel mehr, nämlich die Liebe zum Leben, zu den Kräften der Natur und des Seins und letztendlich die Liebe zu Gott. Wenn Eltern so ein kleines Wesen aus dem Nichts heraus zu einem völlig intakten Menschen heranwachsen sehen, wissen sie, dass hier etwas Größeres seine Wirkung entfaltet, und sind sich dieses Wunders bewusst. Das erzeugt eine Mischung aus Erfurcht und Dankbarkeit, Freude, Vertrauen und Liebe.

Ich glaube, wirkliche Liebe entsteht, wenn wir wahrnehmen können, wie sich das Wunder des Lebens entfaltet, wie alles Leben irgendwie versucht, das zu leben, wofür es hierher gekommen ist. Tiere zum Beispiel können wir bewundern für ihre Kraft und ihre besonderen Wahrnehmungsfähigkeiten, aber lieben können wir sie erst, wenn wir ihre Persönlichkeit spüren. Auch eine Blume lieben wir nicht, weil wir wissen, wie sie biologisch aufgebaut ist, sondern weil wir spüren, dass ihre Farbe, ihre Form und ihr Duft einen Unterschied machen in der Welt. Wenn Liebe also so viel mit Begreifen zu tun hat, mit dem Erspüren der Einzigartigkeit und der Schönheit in allem, was existiert, wie kann dann Liebe zu einem Menschen entstehen und was bedeutet jemanden zu lieben für unsere Gedanken und Gefühle und für unser Tun?

Einen Menschen wirklich zu spüren, mit all seinen Eigenheiten und Fähigkeiten, Sehnsüchten und Möglichkeiten, braucht eine offene Wahrnehmung, die nicht geprägt ist von Standpunkten, Hoffnungen und Erwartungen oder vom Vergleichen mit was auch immer. Es ist notwendig, die Welt durch die Augen des jeweiligen Menschen zu betrachten, zu spüren, was er fühlt und denkt, und zu verstehen, warum er tut, was er tut. Es ist wichtig zu erkennen, dass er auf dem Weg zu seiner Bestimmung ist und alles tut, was er im Moment tun kann, um dort anzukommen. Er versucht, dem Leid seiner Vergangenheit zu entgehen und frei zu werden von seiner geschichtlichen Prägung. Er sucht Liebe und Geborgenheit, Schutz und Rückenwind. Und was immer er tut, tut er, weil er es für richtig hält oder weil er sich im Recht dazu fühlt. Er kämpft um seine Freiheit und versucht seine Möglichkeiten zu nutzen, so gut er eben kann. Dabei läuft vielleicht manches falsch, aber jeder macht Fehler, und wir alle sind auf der Suche nach Glück, Liebe und Geborgenheit. Vieles, was Menschen tun, tun sie nur deshalb, weil sie vergessen haben, dass alles in ihnen selbst ist und befreit werden kann, auch ohne dass sie sich mit anderen Menschen verwickeln, deren Freiraum beschneiden oder sie benutzen. Alle Menschen haben die gleichen Hoffnungen und Ziele: ihr Wesen zu befreien und in einem Zustand der Freude, Liebe, Dankbarkeit und Geborgenheit zu leben. Wenn wir Menschen so betrachten, ohne uns selbst dabei wichtig zu nehmen und zu glauben, wir hätten das Recht, irgendetwas zu beurteilen, zu erwarten oder irgendwelche Ansprüche zu stellen, kommt ein Gefühl von Vertrautheit und Wärme auf und wir beginnen uns selbst in ihnen zu erkennen oder zumindest in einigen Aspekten von ihnen. Dann betrachten wir sie mit liebevollen Augen. Und wie von selbst beginnen wir auch uns selbst neu wahrzunehmen, frei von Rollen und Leistungsdenken, als das was wir sind: menschliche Wesen auf der Suche nach dem Weg, der uns im Herzen berührt.

Mit denselben Augen betrachten wir dann auch die Natur, ganz so, als ob wir sie zum ersten Mal sehen würden. Wir freuen uns über die Bäume, die rechtzeitig ihre Blätter abwerfen und im Frühjahr genauso perfekt wieder wachsen lassen, einem inneren Plan folgend. Wir sehen die duftenden Blumen, die mit ihren wunderschönen Farben die Welt erfreuen. Wir sehen Wolken und Sternbilder und spüren, dass hinter allem eine größere Kraft wirkt und dass alles im Universum Ausdruck dieser Kraft zu sein scheint, auch wir. Das lässt uns Liebe empfinden, Liebe zum Sein in all seinen verschiedenen Erscheinungsformen.

Menschen auf unserem Weg

Manchmal machen wir uns Gedanken darüber, warum gerade diese und jene Menschen in unser Leben getreten sind. Die einen machen uns das Leben schwer, die anderen stellen uns ständig in Frage, und wieder andere stützen uns und geben uns Rückenwind. Am angenehmsten scheinen uns natürlich die Zeitgenossen, die uns Rückenwind geben. Auf die anderen könnten wir verzichten. Aber wenn alles eine Bedeutung hat, aufeinander wirkt und letztendlich dabei hilft, dass jeder zu seiner Bestimmung findet, dann haben auch die unangenehmen Menschen in unserem Leben einen tieferen Sinn, und wenn wir den erst erkannt haben, können wir sie vielleicht sogar lieben. Schauen wir uns die einzelnen Typen also etwas genauer an.

Der Gegenwindtyp

Der Gegenwindtyp macht Probleme. Er bedroht Ihr Selbstbewusstsein, hält Sie in Abhängigkeit, macht Druck, erzeugt Schuldgefühle und zieht Sie vielleicht ganz allgemein herunter. Könnte es sein, dass Sie ihn mit Ihrem schwachen Selbstwertgefühl angezogen haben, damit Sie lernen, sich abzugrenzen und nicht unterzugehen? Ich glaube, dass wir solche Menschen so lange anziehen, bis wir uns nicht mehr von ihnen beeindrucken lassen. Vielleicht hat Ihr Vater schon immer an Ihnen herumgekrittelt und Sie schlecht gemacht, und genauso macht es jetzt Ihr Partner: »Was hast du denn da wieder Geschmackloses an? So kann man doch nicht herumlaufen.« Früher ließen Sie sich davon beeindrucken, haben nur angezogen, was Ihr Partner mochte, bis Sie ein regelrechter Abklatsch von ihm waren. Jetzt aber werden Sie sich zusehends Ihres Wesens bewusst, durchschauen die Rollen und antworten einfach: »Ich finde es gut, mir gefällt es. Du kannst dich ja kleiden wie du willst.« Ende der Diskussion. So betrachtet hilft Ihnen der Gegenwindtyp enorm weiter, weil er Sie zwingt, sich für sich selbst stark zu machen. Außerdem werden Sie mit der Zeit merken, dass er das gleiche Problem hat wie Sie, und können sich darüber amüsieren.

Der Konfrontationstyp

Dieser Typ stellt immer alles in Frage und verunsichert Sie ständig. Wozu ist er wohl da? Wahrscheinlich soll er Sie veranlassen, ständig zu überprüfen, ob das, was Sie denken, fühlen und tun, wirklich von Ihnen kommt und ob Sie es auch wirklich meinem. »Der Mensch ist so schön!« »Findest du?« Jetzt müssen Sie neu nachdenken und sich selbst überprüfen. Das kann Ihnen dabei helfen, Ihr Wesen und Ihre Sehnsüchte deutlicher zu spüren und ans Licht zu bringen. Wenn Sie nicht mehr blind nach Bestätigung suchen, wissen Sie den Konfrontationstyp vielleicht sogar zu schätzen.

Der Rückenwindtyp

Der Rückenwindtyp hilft Ihnen, Probleme zu lösen, Phantasien zu entwickeln und zu sich selbst zu stehen. Er verwöhnt Sie auf allen Ebenen und ist immer da, wenn Sie ihn brauchen. Wie es scheint, ist er der optimale Partner, weil es so unglaublich angenehm ist, ihn um sich zu haben. Andererseits ist das Leben mit ihm vielleicht so bequem, dass Sie Ihre Eigenständigkeit und Unabhängigkeit aufgeben, sich hinter ihm verstecken und ihn letztendlich auch nur noch über das wahrnehmen, was er für Sie tut, aber nicht mehr als Mensch. Auch bei ihm können Sie in Gefahr kommen, Ihre Eigenständigkeit zu verlieren und Ihr Leben steuern zu lassen. Dieser Versuchung zu erliegen und sich in eine so angenehme Beziehung fallen zu lassen, ist nicht immer einfach.

Partnerschaft als Geschenk

Im Unterschied zu allen Verliebten empfindet ein freier Mensch, der niemanden mehr braucht und gelernt hat, sich für die Liebe zu öffnen, nicht mehr die Notwendigkeit, in einer Partnerschaft zu leben. Er liebt viele Menschen, ist aber von niemandem abhängig. Und doch ist es ein wunderschönes Gefühl, einen Menschen, den man vollkommen versteht und von dem man sich ebenfalls vollkommen verstanden fühlt, an seiner Seite zu spüren, ihn am eigenen, schön gestalteten Leben teilhaben zu lassen und auch an seinem Leben teilzunehmen. Und wenn sich zwei Menschen gemeinsam ein schönes Leben gestalten, geprägt von Freude, Liebe und Dankbarkeit, entsteht in der Regel auch der Wunsch, einen neuen Menschen zu zeugen, den man an diesem paradiesischen Leben teilhaben lassen kann, wo er wahrscheinlich nie den Kontakt zu seinem Wesen verliert, weil er von klein an in der Liebe bleibt.

In einer solchen Beziehung ist Sexualität ein Ausdruck der Sehnsucht nach Verschmelzung mit dem, was man liebt, und vielleicht auch des Wunsches, ein Kind der Liebe zu zeugen. Sexualität als nervöser Lustgewinn ist völlig uninteressant und langweilig im Verhältnis zu dem, was man fühlt, wenn man mit dem verschmelzen kann, was man liebt und versteht. Statt Erschöpfung empfindet man nach einer solchen Vereinigung lange Zeit Energie und ein inneres Glück, das niemand nachvollziehen kann, der es nicht selbst erlebt hat.

Eine solche Partnerschaft ist etwas ganz anderes als die Partnerschaft zweier Verliebter. Wenn ich jemanden liebe, weiß ich, dass er bei mir ist, auch wenn er nicht körperlich da ist. Ich brauche keine Eifersuchtsszenen, um seine Treue zu erpressen, denn außer der Vereinigung mit mir interessieren ihn sexuelle Abenteuer nicht mehr. Und selbst wenn er gelegentlich die Nähe zu Menschen sucht, die er mag, weiß ich, dass er sich dort nie verlieren kann, solange ich liebevoll mit ihm verbunden bin. Ich gönne dem, den ich liebe, alles, was er möchte und was ihm gut tut, in dem Wissen, dass ihn jede Erfahrung auf dem Weg zu seiner Bestimmung weiterbringen wird. Ich weiß auch, dass alles, was er tut, nie gegen mich ist, sondern immer nur für ihn und sein Leben. Ich weiß auch, dass er immer mit seinem Herzen bei mir ist und mich liebt, wie ich bin, egal, was ich tue und auch, wenn ich Unsinn anstelle, Fehler mache, ungerecht bin oder den Überblick verliere. In dieser Liebe fühlen wir uns aufgehoben und geborgen, denn wir wissen, dass sie immer währt, was immer das Leben auch bringen mag. Liebende verstehen sich ohne Sprache und spüren sich auch über weite Distanzen, denn sie sind im Einklang miteinander. Nachts begegnen sie sich astral und erleben gemeinsam noch mehr, als jeder einzeln erleben könnte.

Doch wie finden wir einen Menschen, mit dem wir auf diese Weise verbunden sein können? Hier können die zehn Schritte in Teil 4 sehr hilfreich sein, aber das Wichtigste ist, dass wir Raum in uns schaffen, in dem Liebe entstehen kann – zu uns selbst und zu anderen Menschen. Die folgende Übung wird Ihnen helfen, Ihre Wahrnehmung und Ihr Herz für die Liebe zu öffnen.

Übung: Das Öffnen des Herzens

Gehen Sie in die Natur und setzen Sie sich ganz still irgendwohin, wo niemand Sie stört. Betrachten Sie die Tiere und Pflanzen ganz aufmerksam und versuchen Sie zu spüren, wie all diese Lebewesen einem inneren Plan folgen und ganz selbstverständlich alles geben, um ihn zu erfüllen. Beobachten Sie die Schönheit in der Vielfalt, die Sie umgibt. Warum sieht alles so aus wie es aussieht? Gibt es vielleicht eine Kraft, die diese Schönheit bewusst geschaffen hat, damit sie wahrgenommen wird und sich das Leben in all seinen Erscheinungsformen daran freuen kann? Was ist das wohl für eine Kraft, die allem Leben einhaucht?

Warum schlägt Ihr eigenes Herz in diesem Rhythmus? Die Wissenschaft weiß es nicht. Warum teilen sich Zellen? Welche Kraft bewirkt das alles?

Welche Kraft wirkt in Ihnen und möchte, dass Sie Ihr Wesen spüren und Liebe und Freude in Ihr Leben bringen?

Mit welchen Menschen möchten Sie Liebe und Freude erleben und Ihr Leben bewusst gestalten? Welchen Rahmen wünschen Sie sich für Ihre Kinder?

Lassen Sie die Natur einfach auf sich wirken. Bald werden Sie die Kraft spüren und auch das Wunder, das hinter all diesen schönen Formen wirkt …

Um zu spüren, was diese Übung für Sie tun kann, sollten Sie nicht darüber nachdenken, sondern sie einfach machen. Allmählich wird sich die Art, wie Sie sich selbst und die Welt wahrnehmen, auf rätselhafte Weise verändern. Sie werden leichter Freude empfinden und Wesentliches von Unwesentlichem unterscheiden lernen. Auch Ihre Sicht von Menschen wird sich verändern, wird tiefer werden. Statt sich in einzelne Aspekte eines Menschen zu verlieben, werden Sie nun mehr den Menschen als Ganzes erspüren und ein klares Gefühl dafür entwickeln, wer wirklich zu Ihnen passt.

Was jeder Partnerschaft gut tut

Bevor ich Ihnen in Teil 4 die Schritte erkläre, die Sie zu der Art von Partnerschaft führen können, die zu Ihnen passt, will ich ein Wort über Verhaltensweisen verlieren, die zwar nicht nur in der Partnerschaft, aber eben auch dort dazu beitragen können, dass sich das gemeinsame Leben fruchtbar und harmonisch entwickelt. Es ist so leicht, Dinge zu übersehen und im entscheidenden Moment das Falsche zu tun.

Komplimente

Wir alle haben es gern, wenn wir im Außen Bestätigung finden und Lob ernten, auch wenn wir beides vielleicht längst nicht mehr brauchen. Komplimente dürfen allerdings nicht oberflächlich und völlig unsachlich sein, sondern sollten auf aufmerksamer Wahrnehmung beruhen.

Beobachten Sie Ihre Mitmenschen und besonders Ihren

Partner und achten Sie dabei auf Dinge, die irgendwie besonders und im wahrsten Sinne des Wortes bemerkenswert sind, zum Beispiel:

- besonders pfiffige Kleidung, die ihm gut steht, oder auch nur schön oder kostbar ist
- Ideen und Wahrnehmungen, die er hat
- etwas, das er gut gemacht hat
- die neue Frisur und so weiter

Alles, was Ihnen aufgefallen ist, ist gut. Nichts bringt schlechtere Stimmung, als wenn Sie zum Beispiel ein Kleid, das Ihre Partnerin schon letztes Jahr gekauft und ziemlich oft getragen hat, mit den Worten kommentieren: »Wow, ein tolles Kleid! Ist das neu?«

Konstruktive Kritik

Obwohl Sie sich darin üben sollten, andere Menschen wertfrei zu betrachten und Ihre Meinung zu ihren Belangen für nicht mehr so wichtig halten, kann es natürlich sein, dass Ihnen an Ihrem Partner etwas auffällt, was ihm ganz offensichtlich Probleme bereiten könnte. Da Sie ihn lieben und sein Bestes wollen, wäre es in einem solchen Fall sicher angebracht, ihn darauf hinzuweisen, aber ohne Druck, ohne Wertung und ohne ein schlechtes Gewissen zu erzeugen, einfach als Tipp.

Bewährt hat sich zum Beispiel, etwas zu hinterfragen: »Mir ist aufgefallen, dass du so schnell sprichst, dass ich kaum folgen kann. Haben wir es eilig, muss ich mich anstrengen?« Eine solche Frage ist witzig, nicht zu ernst gemeint, sagt aber trotzdem etwas aus und klingt vor allem ganz anders als: »Wenn du so schnell sprichst, kann dir kein Mensch folgen.«

Sie können Kritik auch ganz bewusst als Ihre unmaßgebliche Meinung formulieren. Damit lassen Sie Ihrem Gegenüber genügend Freiraum, damit er entscheiden kann, ob er sich Ihnen anschließen will oder nicht: »Ich bin mir nicht sicher, ob so grelle Farben bei dem heutigen Vorstellungsgespräch gut ankommen. Trägst du sie aus einem bestimmten Grund?« Schlechter wäre: »Du siehst aus wie ein Papagei. So nimmt dich doch keiner ernst.«

Verständnis entgegenbringen

Auch wenn Sie überzeugt sind, dass sich Ihr Partner absolut ungeschickt aufführt, es viel besser wissen müsste, sich ganz ungerecht und unfair verhält oder den gleichen Fehler immer wieder macht, sollten Sie sich in ihn hineinfühlen und erforschen, was in ihm vor sich geht, warum er sich so verhält oder warum er vielleicht gar nicht anders kann. Und wenn Sie dann innerlich Verständnis für ihn – nicht notwendigerweise für das, was er tut – aufgebaut haben, zeigen Sie ihm, dass Sie auf seiner Seite stehen und nachempfinden können, wie er sich fühlt, auch wenn Sie nicht gutheißen, was er tut oder getan hat. Zum Beispiel: »Ich verstehe, dass du so gierig beim Essen bist. Schließlich hattest du acht Geschwister und musstest dich beeilen, wenn du noch was abbekommen wolltest. Aber jetzt sind nur wir zwei da, da kannst du dich entspannen.«

Offenheit leben

Selbst wenn Sie keine Erwartungen mehr an Ihren Partner haben und ihm seinen Freiraum grundsätzlich zugestehen, kann es sein, dass Sie der Meinung sind, zwischen Liebenden sei Vertrauen und Offenheit angebracht und hinter Geheimnissen sei zu wenig Vertrauen und Liebe zu vermuten, oder dass Sie diese Einstellung umgekehrt von Ihrem Partner erfahren.

Ich glaube, jeder Mensch hat das Recht auf eine Privatsphäre, auf Gedanken und Gefühle, die er für sich behalten möchte, und vielleicht auch auf Handlungen, über die er nicht sprechen möchte, vielleicht weil er noch nicht dazu steht oder weil er sich nicht mit Reaktionen darauf auseinander setzen will.

Wenn wir einen Menschen lieben und ihm wünschen, dass er den Weg seines Herzens gehen kann, sollten wir ihm gar nichts aufdrängen und ihn einfach so akzeptieren, wie er ist. Je mehr ein Mensch das Gefühl hat, frei zu sein, desto weniger wird er diesen Freiraum verteidigen oder extrem nutzen wollen. Und das gilt auch für die Frage, inwieweit er andere an dem teilhaben lassen möchte, was in ihm vorgeht. Die Forderung nach Offenheit ist ein Aufflackern von Größenwahn, in dem man sich bestätigt sehen möchte und glaubt, man sei wichtig und hätte ein Recht auf etwas.

Dankbarkeit zeigen

Der Mensch, mit dem wir in einer Partnerschaft zusammenleben, gibt uns sehr viel: Zeit, Aufmerksamkeit, Energie, Freiraum, Gedanken, Gefühle, er lässt uns an seinem Leben teilhaben und so weiter. Es ist wichtig, sich dies bewusst zu machen und es zu schätzen, denn was wir schätzen und wofür wir dankbar sind, erhält von uns geistige Energie und verstärkt sich dadurch noch. Wir haben die Möglichkeit, unsere Dankbarkeit sprachlich zum Ausdruck zu bringen, gesprochen oder geschrieben, aber auch, indem wir Geschenke machen. Aber was ich ausdrücke und welche Geschenke ich mache, sollte immer die Bedürfnisse der Person berücksichtigen, bei der ich mich bedanken will. Sie muss es verstehen und schätzen. Sie soll sich freuen. Es geht nicht vorrangig darum, dass wir unseren Dank loswerden.

Die meisten Menschen freuen sich über Geschenke. Und wenn eine Partnerschaft noch so lange besteht, Geschenke sind nie überflüssig.

Zärtlicher Umgang

Wir alle schätzen eine Atmosphäre der Nähe und Vertrautheit, in der unsere Gefühle problemlos und intensiv fließen können. Zärtlicher Umgang beginnt mit den Blicken, die wir uns zuwerfen, mit unserer Sprache, mit unserer Gestik, mit unserer Art zu hören, das Kissen zurechtzurücken, das Licht für den anderen anzumachen und ihn auf die unterschiedlichste Weise zu verwöhnen. Zärtlicher Umgang ist mehr als unmotiviertes Händchenhalten und ständiges Küssen. Vielmehr zeigen wir dem Menschen, den wir lieben, durch unsere Aufmerksamkeit ihm gegenüber, wie sehr wir es schätzen, dass er da ist.

Körperlichkeit leben

Für viele von uns ist körperlicher Kontakt ein wichtiger Ausdruck von Nähe und Verbundenheit. Aber wenn Körperlichkeit nicht zu einem Kommunikationsmittel degeneriert werden soll, sollten wir auch damit sehr aufmerksam und achtungsvoll umgehen. Suchen Sie körperliche Nähe und sexuellen Austausch nur dann, wenn Sie wirkliche Sehnsucht nach Nähe haben und den anderen spüren wollen. Ständiges Befingern und Betrachten reduziert den Wert der Körperlichkeit und macht es schwer, intensive Nähe auf wirklich erfüllende Weise zu erleben, wenn die Stimmung passend dafür wäre. Gefühle sollen sich körperlich ausdrücken, aber nicht automatisch und mechanisch, sondern bewusst. Wenn Ihnen nicht nach Küssen ist, dann lassen Sie es, egal, was der andere von Ihnen erwartet.

Inspiration leben

Sie sind dabei, selbstständig den Weg des Herzens zu gehen, Ihr Wesen mehr zu spüren und niemanden mehr zu brauchen. Aber trotzdem ist es nicht immer leicht, alte Sichtweisen abzulegen und neue Seiten an sich selbst und am Leben zu entdecken. Dazu ist Ihre Partnerschaft gedacht. Denken Sie viel über Ihren Partner nach, beobachten Sie ihn, nehmen Sie ihn wahr, spüren Sie ihn. Gibt es etwas, das ihm entgeht? Haben Sie Ideen und Phantasien, die für ihn wichtig sein könnten? Wenn ja, teilen Sie ihm das mit. Helfen Sie ihm, Ihre Partnerschaft lebendig zu gestalten und immer wieder Raum für Neues zu schaffen. Das bringt die sexuellen Energien in Fluss und ist für sie beide wichtig, denn Routine ist nicht nur tödlich für jede Partnerschaft, sie nimmt ihr vor allem ihren Sinn.

Gemeinsames Erleben

Gespräche sind sicher wichtig in einer Partnerschaft, aber wenn Sie das Leben nur im Kopf stattfinden lassen, werden Sie Ihren Partner mit der Zeit nicht mehr richtig spüren. Am besten erleben und spüren Sie einen Menschen in Aktion, nämlich bei gemeinsamen Unternehmungen, und dafür sollte immer genügend Zeit sein. Allerdings sollten auch gemeinsame Unternehmungen nicht zur Routine werden, denn dann spüren Sie auch nur das, was Sie schon kennen. Sorgen Sie also für Überraschungen und tun Sie Dinge auch mal spontan und ungeplant.

Meditation – Sich für die Liebe öffnen

Schließe die Augen. Atme langsam tief ein und aus.
Denke an deine beiden Knie. Atme weiter ein und aus.
Denke an deine beiden Schultern. Atme weiter ein und aus.
Denke an deinen Solarplexus. Atme weiter ein und aus.
Denke an dein Herz. Atme weiter ein und aus.
Stelle dir jetzt vor: Du atmest mit jedem Atemzug strahlende, kraftvolle Energie ein, und beim Ausatmen verteilst du diese Energie in deinem Körper, in deinen Gedanken, in deinen Gefühlen.
Atme weiter ein und aus.
Mit jedem Atemzug atmest du Energie ein und beim Ausatmen atmest du diese Energie über die Grenzen deines Körpers hinaus, hinein in diesen Raum. Fülle den Raum mit strahlender, kraftvoller Energie.
Diese Energie hat die Kraft, deine Gedanken, Gefühle und Sehnsüchte Wirklichkeit werden zu lassen, wenn du dies möchtest.
Atme langsam tief ein und aus.

Sage dann leise in Gedanken zu dir selbst und wenn du möchtest, sage und empfinde: »Ich bin mehr als mein Körper. Ich bin Bewusstsein, unbegrenzt, ewig und frei. Ich bin auf dem Weg zu meinem Wesen, auf dem Weg meiner Bestimmung.

Ich habe mich entschieden, so durchs Leben zu gehen, dass es mich nährt; die Gefühle zu suchen, mit denen ich mich wohl fühle, und mir ein Umfeld zu schaffen, das mir entspricht.

Ich möchte ein Leben führen, das mich berührt und das wesentlich ist. Ich möchte Dinge schaffen, die mir entsprechen.

Ich möchte begreifen.

Ich möchte mein Wesen spüren, die schöpferische Kraft, die in mir brennt und das Leben gestalten will. Ich will den Weg des Herzens gehen.

Auf diesem Weg durchs Leben wünsche ich mir Menschen an meiner Seite, die mich inspirieren und deren Wesen dem meinen sehr ähnlich ist.

Ich möchte Menschen an meiner Seite haben, mit denen mich Liebe und Verständnis verbindet, die sich mit mir freuen und die mit mir das Schöne sehen.

Ich möchte Menschen an meiner Seite haben, mit denen es leicht ist, die Gefühle zu entwickeln, die zu mir gehören.«

Atme langsam tief ein und aus.

»Von jetzt an werde ich genau erforschen, welchen Einfluss die Menschen um mich herum auf mich haben, wie viel Freude und Liebe ich mit Ihnen erlebe, wie viel Inspiration, wie viel Gemeinsamkeit, wie viel Kraft und wie viel Motivation entsteht.«

Atme langsam tief ein und aus.

»Um für diese Menschen frei zu werden, habe ich mich entschieden, Selbstverantwortung zu übernehmen, mir selbst zu zeigen, dass ich allein und aus eigener Kraft durchs Leben gehen kann, auf eine Art, die mich freut und berührt. Ich möchte mir zeigen, dass ich niemanden brauche und dass ich in meinen Gedanken und Gefühlen selbstständig bin, frei von anderen Menschen.

Und während ich diese Freiheit suche, entwickle und lebe, kann ich die Menschen mit offenem Herzen sehen – in ihrem Wesen und als das, was sie sind. Ich brauche nichts von ihnen. Was immer sie tun, sagen und denken, ist für mich in Ordnung. Ich lasse sie liebevoll frei.

Wenn ich bereits eine Beziehung habe, wünsche ich mir, dass diese Beziehung sich so entwickelt und entfaltet, dass all dies möglich ist. Ich will frei werden in dieser Beziehung und auch meinen Partner freilassen.

Gemeinsam mit dem Partner, den ich habe, will ich Freude und Liebe suchen, Intensität und Wesentliches.

Wenn die Suche meines Partners in eine andere Richtung geht, möchte ich ihn freilassen – um seinetwillen und um meinetwillen.

Wenn ich noch keinen Partner habe, möchte ich einen anziehen, der zu mir und meinem Wesen passt, der liebvoll und frei ist und mit dem ich alles leben kann, wofür ich mich entschieden habe.

Abends, wenn ich schlafen gehe, bewege ich in meiner Phantasie, wie ich leben und mich mit anderen Menschen austauschen möchte.
Ich weiß tief in mir, dass die Fähigkeit, andere liebevoll freizulassen, ohne Erwartungen, die Fähigkeit eines großen Herzens ist, und die will ich erwerben.«

Atme langsam tief ein und aus.

Erinnere dich: Alles, was ist, kann auch ganz anders sei. Alles ist veränderbar. Wenn man das Neue finden will, das Schöne, muss man das Alte loslassen, die alten Gedanken, die alten Rollen, die alten Bindungen und Verpflichtungen. Damit man das Neue finden kann, muss man gegenwärtig sein und von jetzt an frei von dem Leben, das war.

Atme langsam tief ein und aus.
Sage in Gedanken zu dir selbst, fühle und empfinde: »Ich suche meine Sehnsüchte, meine Fähigkeiten und die persönlichen Merkmale, die meinem Wesen entsprechen. Ich möchte ein Leben führen, das mein Herz berührt, ein Leben, das wesentlich ist.«

Atme langsam tief ein und aus.

Jetzt ist es Zeit zurückzukehren in den normalen wachbewussten Zustand. Komm mehr und mehr zurück in die Wachheit und beginne langsam, dein Umfeld wieder wahrzunehmen, deine Gedanken und Gefühle.
Du bist nun wieder wach und frisch und dein Körper fühlt sich ausgeruht und erholt an.
Öffne die Augen.

Teil 4

In zehn Schritten zu einer erfüllten Partnerschaft

In den zehn Schritten, die ich Ihnen nun näher erläutern werde, entfernen Sie sich allmählich von Ihrem alten Weltbild und Ihrem geschichtlich geprägten Selbstverständnis. Sie verabschieden sich von überholten Rollen und entdeckten die schöpferischen Fähigkeiten Ihrer Phantasie.

Bevor Sie losgehen, sollten Sie sich keinerlei Gedanken darüber machen, ob Sie überhaupt in der Lage sind, diesen Weg zu meistern. Lassen Sie Ihre vergangenen Erfahrungen zunächst einfach beiseite und gehen Sie die zehn Schritte so entschieden und ehrlich wie möglich. Denken Sie immer daran: Alles könnte auch ganz anders sein, wenn man der Erneuerung Raum im Leben gibt und vor allem auch an sich selbst neue Seiten zu entdecken bereit ist. Vielleicht schlummern Sehnsüchte und Fähigkeiten in Ihnen, von denen Sie bis jetzt überhaupt nichts geahnt haben, die Ihrem Leben aber eine ganz neue Richtung geben könnten.

Wenn wir etwas Neues suchen und entfalten wollen, müssen wir bereit sein, neue Wege zu gehen, auch wenn wir nicht wissen können, wohin sie uns letztendlich führen. Wie schnell und mit welcher Entschiedenheit Sie den hier vorgezeichneten Weg gehen, entscheiden Sie selbst. Natürlich braucht alles seine Zeit, aber die Partnerschaft, nach der Sie sich sehnen, wird genau dann in Ihr Leben treten, wenn sie dafür bereit sind.

Schritt 1
In den Spiegel der eigenen Erfahrungen schauen

Wenn Sie sich Ihrer geistigen Freiheit wieder bewusst werden wollen und wieder spüren möchten, dass Sie mehr sind als das Produkt Ihrer Geschichte und der Rollen, mit denen Sie sich bis jetzt völlig identifiziert haben, sollten Sie sich täglich hinsetzen und in aller Ruhe die nachfolgenden Ideen auf sich wirken lassen:

- Meine Gefühle, Gedanken und Erwartungen sind geistige Energien, die mich prägen – meinen Körper, mein Verhalten, meine Sichtweisen und alle Rollen, die ich spiele. Sie strahlen hinaus in die Welt und prägen die Meinung, die andere von mir haben, und das Verhalten, das sie mir gegenüber an den Tag legen. Sie ziehen Situationen und Umstände an, die meiner Ausstrahlung entsprechen, unabhängig davon, ob mir dies bewusst ist oder nicht, und ob ich es will oder nicht.
- Alles, worauf ich meine Wahrnehmung richte, was mir wichtig erscheint, worüber ich nachdenke und wovon ich spreche, prägt meine Gefühle und damit meine Ausstrahlung.
- Mein Leben und meine Erfahrungen sind ein Spiegel all der Energien, die ich in mir bewege. Ich kann mich darin erkennen und mein jetziges Leben als Folge dessen begreifen, was ich war und noch bin, was ich gelebt habe und womit ich mich identifizierte.

- Alle Personen, die ich anziehe, spiegeln das wider, was ich von Menschen erwarte. Sie zeigen mir, welche Rollen ich glaube ihnen vorspielen zu müssen und welches Selbstwertgefühl ich dabei habe. Ich kann nur das in mein Leben ziehen, was ich ausstrahle. Wenn ich die Menschen in meiner Nähe aus dieser Perspektive betrachte, was erzählen sie mir über mich selbst? Welchen Teil von mir, welches Rollenverhalten spiegeln sie mir wider?
- Ich will meine Gefühle, Gedanken und Erwartungen von jetzt an bewusst in Richtung dieser Erkenntnis lenken und mein Leben damit gezielt von alten Rollenspielen befreien.
- Die Energien, die ich von jetzt an in mir trage, die Gefühle, Gedanken und Visionen und alles, worauf ich meine Wahrnehmung richte, gestalten meine Zukunft. Meine Gefühle von jetzt sind meine Zukunft von morgen. Ich bin frei, solange ich meine Energien bewusst gestalte und lenke.

Schritt 2
Prägungen auflockern

Je besser es uns gelingt, die begrenzte Menge an prägenden Erfahrungen aus der Vergangenheit um ganz viele neue Erfahrungen zu bereichern, desto weniger dominant sind die alten Energien. Und schließlich wird der Zwang, die alten Rollen immer weiter zu spielen, immer schwächer. Mit der Zeit werden die neuen Energien sogar die Führung übernehmen und uns völlig von den alten Prägungen befreien. Wenn das geschieht, können wir uns wieder als Mensch und nicht mehr nur als Rolle wahrnehmen, und dann sind wir auch in der Lage zu spüren, was uns wirklich gut tut und zu uns passt.

Die folgenden drei Methoden zur Auflösung alter Prägungen sind sehr wirksam und haben sich in meiner Praxis bestens bewährt:

- Lösen Sie sich von Ihrem eingefahrenen Rollenverhalten und lenken Sie Ihre Wahrnehmung auf neue Aspekte des Lebens, indem Sie Filme anschauen, Bücher lesen, Gespräche führen oder bewusst neue Erlebnisse und Umstände im Außen suchen. Brechen Sie Ihre tägliche Routine und tun Sie Dinge, die Sie noch nie getan haben. Oder machen Sie die Dinge, die Sie immer tun und auch tun müssen, einfach einmal völlig anders, und zwar ungeachtet dessen, ob es zu Ihren alten Rollenspielen passt oder nicht.
- Gehen Sie abends gedanklich zurück in den Tag oder auch zurück in Ihre Vergangenheit und erinnern Sie sich an irgendetwas, das Sie getan oder erlebt haben, eine Situation, eine Begegnung, eine spezielle Handlung. Wählen Sie zunächst weniger Wichtiges und erst dann Wesentliches. Ändern Sie die Situationen und die Art, wie Sie damit umgehen, in Ihrer Phantasie immer wieder, aber mit viel Kraft und Gefühl. Dabei sollten Sie sich in Erinnerung rufen, dass sowohl unser Unterbewusstsein als auch unser Körper von intensiven Phantasien ähnlich stark geprägt wird wie von tatsächlich erlebten Situationen. Haben Sie nicht selbst schon erlebt, dass sich ein Traum als intensives Körpergefühl bemerkbar machte, selbst nach dem Aufwachen? Oder dass Sie mit heftigen Gefühlen auf einen Film reagierten, auch wenn die Handlung überhaupt nichts mit Ihrem derzeitigen Leben zu

tun hatte? Indem wir uns an Ereignisse aus unserer Vergangenheit erinnern und die dazugehörigen Gefühle in unserer Phantasie verändern, verändern wir auch ihre Prägungen in unserem Bewusstsein und die daraus entstandenen Automatismen in unserer Wahrnehmung und unserem Verhalten, die ich Rollenspiele genannt habe.

- Ändern Sie äußere Aspekte Ihres Lebens, Umstände, Dinge und Situationen, die Ihnen schon lange vertraut sind. Besonders wirksam wäre beispielsweise ein Ortswechsel oder auch ein Umzug in ein neues Heim. Vielleicht kommt Ihnen das jetzt ziemlich aufwendig, wenn nicht gar übertrieben vor. Aber das Umfeld, in dem Sie sich jetzt bewegen, haben Sie sich passend zu Ihren Rollen und zu Ihrer geschichtlichen Prägung ausgesucht. Und je vertrauter es Ihnen ist, desto mehr hält es Sie in Ihren alten Energien fest und erhöht Ihre Tendenz, die Rollen, die Sie bis jetzt hauptsächlich oder vor allem dort spielten, immer wieder zu spielen.

Die konsequente Umsetzung dieser drei Punkte wird Ihre Phantasie anregen und Sie werden beginnen, mehr und mehr Veränderungen in sich selbst und in Ihrem Leben für möglich zu halten. Machen Sie sich immer wieder klar, wie stark Ihre alten Phantasien, Erwartungen, Sichtweisen und Gefühle Ihr bisheriges Leben geprägt haben und auch weiterhin prägen werden, wenn Sie keine neuen entwickeln. Je lockerer Ihre Prägungen werden, je besser Sie Ihre Rollen durchschauen und für Neues bereit werden und je vielfältiger sich Ihre Phantasie entwickelt, desto reicher wird Ihr Leben werden, desto intensiver können Sie Ihre wahren Sehnsüchte und Bedürfnisse spüren und eine Partnerschaft finden, die wirklich zu Ihnen passt.

Und machen Sie sich auch immer wieder klar: Wer Menschen lieben will, muss sie wahrnehmen können. Doch wer in Rollen gefangen ist, betrachtet sich selbst und andere Menschen nur als Rollen und nicht als Persönlichkeit mit individuellen Zielen und Sehnsüchten.

Schritt 3
Neue Rollen spielen

Am Anfang können Sie natürlich nicht genau wissen, wie das Neue auf Sie wirkt und was die neuen Rollen in Ihrem Leben verändern könnten. Also probieren Sie erst einmal Verschiedenes aus, immer in dem Bewusstsein, dass Sie alles auch wieder ändern oder ganz sein lassen könnten, wenn Sie sich nicht wohl dabei fühlen. Je mehr Sie ausprobieren und je unterschiedlicher Sie sich dabei verhalten, desto leichter werden Sie erkennen, was Ihnen wirklich gut tut, was Sie freut und was demnach langfristig ein Teil Ihres Lebens sein sollte. Und denken Sie daran: Wir spielen immer irgendwelche Rollen, um unsere Persönlichkeit im Umgang mit Dingen im Leben zum Ausdruck bringen zu können, aber es gibt eben zu unserem Wesen mehr oder weniger passende Rollen.

Normalerweise sind es die alten unbewusst erlernten Rollen, von denen wir glauben, sie seien ein Ausdruck unserer Persönlichkeit. Bei den neuen Rollen besteht diese Tendenz nicht mehr, da wir sie bewusst wählen und spielen. Jede Rolle, die wir bewusst spielen, lässt uns eine innere Haltung dem Leben gegenüber einnehmen. Einerseits begrenzt sie unsere Möglichkeiten, andererseits kann sie uns helfen, unsere wirklichen Sehnsüchte und Fähigkeiten zu entdecken.

Probieren Sie es aus: Denken Sie an eine beliebige Situation in Ihrem Leben, zum Beispiel an eine vertraute, sich immer wiederholende Szene in Ihrer Partnerschaft. Fragen Sie sich dann, welche Rollen Sie bis jetzt in dieser Szene gespielt haben und welche Rollen Ihr Partner spielte. Klären Sie die Ansichten und Gefühle beider Seiten, Hoffnungen, Erwartungen, automatische Reaktionen, und so weiter.

Vielleicht sollte – so Ihre Meinung als Mann – der Sonntag nur Ihnen und Ihrer Partnerin gehören und niemand sollte diese Zweisamkeit stören dürfen, weil Sie während der Woche so wenig Zeit füreinander haben. Das wäre die Überzeugung des Jägers, der seine Ansprüche geltend macht: Am Sonntag will ich verwöhnt und umsorgt werden, weil ich die ganze Woche so hart gearbeitet habe. Da will ich Ruhe und Frieden, vielleicht auch noch Zärtlichkeit und Sex, aber bestimmt keinen Trubel, womöglich noch mit vielen Leuten.

Als Frau, ehemaliger Lockvogel und jetzt in der Mutterrolle gefangen, haben Sie vielleicht das Gefühl, dass Ihr Mann ruhig auch mal was mit den Kinder unternehmen könnte, denn schließlich sieht er sie die ganze Woche über kaum. Auch im Haushalt könnte er mal was tun, während Sie die so frei werdende Zeit vielleicht mal für sich allein oder für Unternehmungen mit Freundinnen nutzen. Was geschieht jetzt normalerweise? Und was könnte geschehen, wenn Sie mal andere Rollen spielen würden?

Spielen Sie solche oder ähnlich komplizierte Situationen in Ihrer Phantasie durch. Gehen Sie in immer neue Rollen und verhalten Sie sich jedes Mal anders, bis Sie sich wohl fühlen. Setzen Sie Ihre Phantasien später auch konkret um, so gut es eben geht, aber natürlich nicht mit Gewalt. Achten Sie besonders darauf, wie sich beim Phantasieren Ihre Gefühle und Gedanken sowie die Wahrnehmung Ihrer selbst und anderer Menschen verändern.

Je mehr Sie phantasieren und Ihre Phantasien im praktischen Leben erproben, desto deutlicher werden Sie spüren, wie lähmend manche Rollen sind, wenn Sie sie zu ernst nehmen und sich zu stark damit identifizieren.

Schritt 4
Phantasien für neue Gefühle

Während Sie die verschiedenen Möglichkeiten Ihres Lebens in immer neuen Rollen erforschen, werden Sie einerseits immer mehr neue Seiten an sich selbst entdecken und andererseits immer mehr mögliche Rollen, in denen Sie diese zum Ausdruck bringen könnten. Mit diesen wechselnden Erfahrungen gehen auch immer neue Gefühle einher, und Sie werden merken, dass einige dieser Gefühle Ihre Lebensqualität und Ihr Energieniveau steigern, während andere genau das Gegenteil bewirken.

Ihre Gefühle prägen Ihre Ausstrahlung, Ihre Handlungen und Ihre Lebenseinstellung. Sie prägen aber auch das, was Sie in Ihr Leben ziehen, und die Art, wie es auf Sie wirkt. Daher sollten Sie Gefühle, die Sie einmal als für sich wohltuend erkannt haben, täglich sorgfältig aufbauen und stärken. Das können Sie besonders wirksam tun, indem Sie sich in Situationen begeben und mit Menschen zusammen sind, die diese Gefühle in Ihnen hervorrufen. Solche Situationen und solche Menschen erinnern Sie daran, wie Sie wirklich sind, aber es kann sein, dass Sie danach suchen müssen, weil Sie bis jetzt ein anderes Umfeld gewöhnt waren. Das braucht Zeit und

Wachheit sowie die klare Entscheidung, genau das finden und erkennen zu wollen. Auch sollten Sie Acht geben, dass Sie sich, wenn Sie solche Menschen und Situationen gefunden und schätzen gelernt haben, nicht abhängig von ihnen machen, nur damit Sie in den ersehnten Gefühlen bleiben oder immer wieder zu ihnen zurückkehren können.

Wenn Sie die gewünschten Gefühle eigenständig aufbauen, besteht diese Gefahr natürlich nicht. Statt sich im Außen Unterstützung zu suchen, malen Sie sich in Ihrer Phantasie Situationen aus, über die Sie sich mit den entsprechenden Gefühlen in Verbindung bringen können. Je weniger äußere Hilfe Sie in Anspruch nehmen, desto weniger laufen Sie Gefahr, von etwas oder jemandem abhängig zu werden. Meine Erfahrungen mit Klienten, die ich unter Hypnose durch verschiedene Phantasien geführt habe, zeigen, dass es für die Wirksamkeit der Prägung und die bewusste Veränderung der Ausstrahlung offenbar keinen Unterschied macht, ob die dafür notwendigen intensiven Gefühle durch das tatsächliche Erleben oder nur mit Hilfe der Vorstellungskraft hervorgerufen werden. Entscheidend scheint nur zu sein, dass die Gefühle so intensiv erlebt werden, dass sie auch körperlich wahrnehmbar sind. Wodurch und wie sie erzeugt werden, spielt hingegen keine Rolle.

Nehmen Sie sich fest vor, möglichst jeden Abend vor dem Einschlafen ausführliche und intensive Phantasien und Visionen darüber zu entwickeln, was Sie in Ihrem Leben und in Ihrer Partnerschaft erleben wollen, und zwar ganz konkret und mit viel Gefühl. Am nächsten Morgen, direkt nach dem Aufwachen, frischen Sie diese Phantasien nochmals auf, dann allerdings weniger ausführlich, aber auch mit Gefühl. Nach zwei bis drei Wochen werden Sie beobachten, dass es Ihnen immer leichter fällt, sich auf all die Gefühle einzustimmen, die Ihnen im Moment wichtig erscheinen.

Im Zustand direkt vor dem Einschlafen und direkt nach dem Aufwachen ist die Stimme unserer Geschichte viel leiser als sonst und wir stehen unserem Wesen viel näher, was die Wirksamkeit der Prägung ernorm verstärkt. Auch spüren wir in diesem Zustand viel besser, welche Gefühle wirklich zu uns passen, und können uns eindeutiger und kraftvoller auf sie einlassen.

Nehmen Sie sich also vor dem Einschlafen und nach dem Aufwachen etwas Zeit und fragen Sie sich: »Welche Gefühle sollen mich in der Partnerschaft begleiten? Was will ich in der Nähe meines Partners fühlen? Welche gemeinsamen Erlebnisse würden diese Gefühle in mir hervorrufen?«

Schon während Sie sich solche Fragen stellen und beantworten, entstehen Gefühle und Wahrnehmungen, die Ihre Ausstrahlung neu prägen. Diese Prägung wird dann noch dadurch verstärkt, dass Sie die Phantasien und Gefühle, die Sie beim Einschlafen haben, mit in Ihre Traumwelt nehmen, wo sich dann Träume daraus entwickeln, die wiederum die Energien Ihres Unterbewusstseins ausrichten. Das alles geschieht unabhängig davon, ob Sie sich an diese Träume erinnern oder nicht.

Der konkrete Inhalt Ihrer Phantasien kann täglich wechseln, aber die Gefühle, die darin zum Ausdruck kommen und die Sie später mit Ihrem Partner erleben möchten, sollten immer ähnlich bleiben und damit auch immer klarer und intensiver werden. Die folgende Meditation kann Ihnen helfen, Ihre Phantasien und den Fluss Ihrer Gefühle in Gang zu bringen.

Meditation – Neue Perspektiven

Atme langsam tief ein und aus und schließe die Augen.

Atme weiter tief ein und aus, und während du langsam weiteratmest, lass immer mehr los. Lass dich treiben.

Der Körper darf jetzt schlafen gehen, deine Gedanken und deine Wahrnehmung werden wach bleiben.

Die Muskeln und Nerven in deinem Unterkiefer entspannen sich, lassen los.

Deine Stirn entspannt sich ... die Muskeln und Nerven in deiner Stirn entspannen sich, lassen los.

Deine Wangen entspannen sich, die Muskeln und Nerven in deinen Wangen entspannen sich, lassen los.

Deine Augen entspannen sich, die Muskeln und Nerven in beiden Augen entspannen sich, lassen los. Deine Augen werden klar und entspannt.

Die Kopfhaut entspannt sich ... die Muskeln und Nerven der Kopfhaut entspannen sich, lassen los.

Die Entspannung sinkt tief hinein in den Kopf, tief hinein in die Mitte des Kopfes. Der Kopf wird klar, frei und leicht, ganz entspannt.

Die Entspannung sinkt in den Hals, den Nacken, in die Schultern, hinein in die Arme, die Hände. Alle Muskeln und Nerven dort entspannen sich, lassen los.

Die Entspannung fließt hinein in die Hüfte, in die Beine, in die Füße. Alle Muskeln und Nerven dort entspannen sich, lassen los.

Die Entspannung fließt hinein in den Rücken, in die Wirbelsäule. Alle Muskeln und Nerven dort entspannen sich, lassen los.

In diesem Zustand lösen sich deine Gedanken und Gefühle vom Körper. Dein Bewusstsein wird frei und geht eigene Wege. Und dein Körper kann sich tief entspannen und heilen.

Jetzt sage leise in Gedanken zu dir selbst und empfinde, wenn du möchtest: »Ich weiß tief in meinem Innern: Meine Gedanken, meine Gefühle und meine inneren Bilder bestimmen mein Leben, meinen Körper und meine persönliche Lebenserfahrung. Deshalb möchte ich lernen, sie so bewusst zu gestalten, wie ich es möchte und es gut für mich ist.«

Jetzt ist es an der Zeit, für die Dauer dieser Übung alle Gedanken und Gefühle loszulassen, die dich beschäftigen. Lass sie einfach wegtreiben und werde still.

Du erreichst einen Zustand tiefer Entspannung. Deine Gedanken und Gefühle sind still und klar und haben große schöpferische Kraft. Alle Ebenen deines Unterbewusstseins liegen frei zugänglich vor dir und können genutzt werden.
Diese Übung hilft dir, den üblichen Rahmen deiner Vorstellung zu verlassen und ganz frei, unbeschwert und leicht neue Ideen, Wünsche und Bilder von einem Leben auftauchen zu lassen, das du gern führen würdest, gemeinsam mit einem Partner, der dir gefällt und mit dem du dein Leben teilen möchtest. Wenn du diese Phantasien verfolgst, ist es vollkommen gleichgültig, ob du glaubst, dass sie sich jemals verwirklichen werden. Spiele mit deinen Gedanken, mit deinen Bildern und Gefühlen. Lass dich von deinen Phantasien treiben und genieße. Sie werden dir helfen, den Boden für etwas Neues zu bereiten.

Richte deine Aufmerksamkeit auf deinen Beruf: Wie könnte dein berufliches Leben schöner werden, so, wie du es dir wünschst? Was sollte dein Beruf dir geben? In welcher Form sollte dein Partner daran teilhaben?

Jetzt richte deine Aufmerksamkeit auf deine zwischenmenschlichen Beziehungen: Wie könnten deine Beziehungen zu anderen Menschen und der Austausch mit ihnen intensiver und schöner werden, so, wie du sie dir wünschst? Wie möchtest du dich mit anderen Menschen fühlen, wie dich ausdrücken? Welche Rolle sollte dabei dein Partner spielen? Wie sollte er daran teilhaben?

Jetzt richte deine Aufmerksamkeit auf deine Partnerschaft: Wie stellst du dir eine schöne, erfüllende Partnerschaft vor? Welche Gefühle möchtest du in der Partnerschaft haben? Wie möchtest du dich in der Partnerschaft ausdrücken? Was möchtest du geben? Was sollte in deiner Partnerschaft möglich sein, was sollte dort alles erlebt werden? Welche Art Mensch sollte dein Partner sein, damit all dies schön und leicht erlebbar wird?

Jetzt richte deine Aufmerksamkeit auf deinen Körper: Wie stellst du dir deinen Körper vor, damit du dich wohl darin fühlen kannst? Wie möchtest du dich in ihm zum Ausdruck bringen? Wie sollte er auf andere wirken? Wie möchtest du Körperlichkeit mit deinem Partner erleben?

Jetzt richte deine Aufmerksamkeit ganz allgemein auf dein Leben und auf das, was du erleben möchtest: Stell dir Ereignisse vor, Orte, Personen und alles, was du gern erleben möchtest. Wie möchtest du dich fühlen und zum Ausdruck bringen? Wo möchtest du sein? Was möchtest du haben? Welche Rolle soll deine Partnerschaft dabei spielen?

Jetzt lass all diese Gefühle und Bilder in dir wirken, empfinde sie, lass dich von ihnen treiben und ruh dich aus. Lass zu, dass diese Energien tief in den See deines Unbewussten sinken, und lass sie dort. Beachte sie nicht mehr. Ruh dich aus ...

Jetzt ist es Zeit, in den normalen, wachbewussten Zustand zurückzukehren. Komm mehr und mehr zurück in die Wachheit und fang langsam an, dein Umfeld wieder wahrzunehmen, deine Gedanken und Gefühle ...

Nun bist du wieder wach und frisch und dein Körper fühlt sich ausgeruht und erholt.
Öffne die Augen.

Schritt 5
Unabhängigkeit im Denken und Fühlen

Unter Unabhängigkeit im Denken und Fühlen verstehe ich die Fähigkeit, Situationen und Umstände, Erinnerungen und Erwartungen, Hoffnungen und Ängste zwar wahrzunehmen, aber nicht automatisch darauf zu reagieren. Automatisch reagieren heißt, dass wir »wie auf Knopfdruck« Gefühle, Gedanken und sogar körperliche Empfindungen aufbauen, die wir gar nicht haben wollen, aber gegen die wir scheinbar nichts tun können. Unsere innere Unabhängigkeit besteht also in der Fähigkeit zu denken und zu fühlen, wie wir wollen, und auch unsere Wahrnehmung so auszurichten, wie wir wirklich wollen, unabhängig davon, was ist, war oder sein könnte.

Die einfachste Art, nicht erwünschte Gefühle loszuwerden oder aufkeimende Reaktionen auf äußere Impulse, Erinnerungen oder Erwartungen zu neutralisieren, besteht darin, neue und angenehmere Gefühle aufzubauen oder bewusst in ungewohnte Rollen zu schlüpfen. Das können Sie am besten üben, indem Sie sich gezielt auf möglichst viele unterschiedliche Aspekte Ihres Umfeldes und der sich dort ergebenden Situationen einlassen und die Gefühle die dabei entstehen, klar wahrnehmen. Beginnen Sie mit der bewussten Wahrnehmung Ihres

Umfelds, indem Sie zum Beispiel über unterschiedliche Oberflächen streichen – raue, glatte, spitze, klebrige, nasse und so weiter. Wie fühlt sich jede einzelne Oberfläche an? Und welche Gefühle entstehen in Ihrem Innern? Gefühle sind wie Brücken, die uns innerlich mit dem verbinden, was wir wahrnehmen. Sie machen aus einer neutralen Wahrnehmung eine in uns wirkende Kraft. Und unabhängig von der Wirkung dessen, was wir wahrnehmen, können wir beliebige Gefühle dazu aufbauen, wenn wir in der Lage sind, automatische Reaktionsmuster hinter uns zu lassen.

Sie könnten beispielsweise neutral feststellen, dass eine Oberfläche spitz ist. Sie könnten sie aber auch als unangenehm spitz, bedrohlich spitz, interessant spitz, verblüffend spitz oder gar als belustigend spitz empfinden. Indem Sie mit einem dieser Gefühle auf die spitze Oberfläche reagieren, bewerten Sie diese. Indem Sie aber einfach nur wahrnehmen, dabei innerlich unbeteiligt bleiben und lediglich neutral feststellen, was Tatsache ist, bewahren Sie sich die innere Freiheit, beliebig damit umzugehen.

Ändern Sie Ihre Gefühle zu ein und derselben Wahrnehmung so oft Sie können, und schon bald werden Sie erkennen, dass Ihr gefühlsmäßiger Bezug zu Situationen, Dingen und Menschen genauso beliebig sein kann, auch wenn er bislang durch Erfahrungen vorgeprägt und deshalb automatisch war. Nebel könnte für Sie einfach nur Nebel sein, aber vielleicht war es bisher immer ein unheimlicher Nebel, der Angst erzeugte, weil es in den Geschichten, die man Ihnen als Kind vorgelesen hat oder auch in den englischen Krimis, die Sie später im Fernsehen gesehen haben, immer so war. Ein Mann mit einer spitzen Nase ist für Sie vielleicht nicht nur ein Mann mit einer spitzen Nase, sondern ein leicht reizbarer und unangenehmer Mensch, genau wie Ihr Bruder, der auch eine spitze Nase hat.

Versuchen Sie, mehr und mehr unterschiedliche Gefühle zu erzeugen, indem Sie Menschen, Dinge und Ereignisse ganz bewusst immer wieder unterschiedlich interpretieren. Sie werden erstaunt sein, wie viele unterschiedliche Gefühle Sie zu einer Wahrnehmung aufbauen können.

Ergänzend zu dieser Übung, die ja vor allem eine neue Art der Auseinandersetzung mit dem Außen ist, schlage ich folgende Meditation vor, die letztendlich das gleiche Ziel hat, nämlich einen beliebigen Wechsel zwischen Ihren Gefühlen und Gedanken zu ermöglichen.

Meditation – Unabhängigkeit

Atme langsam tief ein und aus und schließe die Augen.
Atme weiter tief ein und aus, und während du langsam weiteratmest, lass immer mehr los, lass dich treiben.
Der Körper darf jetzt schlafen gehen, deine Gedanken und deine Wahrnehmung werden wach bleiben.
Die Muskeln und Nerven in deinem Unterkiefer entspannen sich, lassen los.
Deine Stirn entspannt sich ... die Muskeln und Nerven in deiner Stirn entspannen, lassen los.
Deine Wangen entspannen sich ... die Muskeln und Nerven in deinen Wangen entspannen sich, lassen los.
Deine Augen entspannen sich ... die Muskeln und Nerven in beiden Augen entspannen sich, lassen los. Deine Augen werden klar und entspannt.
Die Kopfhaut entspannt sich ... die Muskeln und Nerven der Kopfhaut entspannen sich, lassen los.

Die Entspannung sinkt tief hinein in den Kopf, tief hinein in die Mitte des Kopfes. Der Kopf wird klar, frei und leicht, ganz entspannt.
Die Entspannung sinkt hinein in den Hals, den Nacken, die Schultern, hinein in die Arme und die Hände. Alle Muskeln und Nerven dort entspannen sich, lassen los.
Die Entspannung fließt hinein in die Hüften, die Beine und die Füße. Alle Muskeln und Nerven dort entspannen sich, lassen los.
Die Entspannung fließt hinein in den Rücken, in die Wirbelsäule. Alle Muskeln und Nerven dort entspannen sich, lassen los.
In diesem Zustand lösen sich deine Gedanken und Gefühle vom Körper. Dein Bewusstsein wird frei und geht eigene Wege. Und dein Körper kann sich jetzt tief entspannen und heilen.
Jetzt sage leise in Gedanken zu dir selbst und empfinde, wenn du möchtest: »Ich weiß tief in meinem Innern: Meine Gedanken, meine Gefühle, meine inneren Bilder bestimmen mein Leben, meinen Körper und meine persönliche Lebenserfahrung. Ich möchte deshalb lernen, sie so bewusst zu gestalten, wie ich es möchte und wie es gut für mich ist.«
Jetzt ist es an der Zeit, für die Dauer dieser Übung alle Gedanken und Gefühle, die dich beschäftigen, loszulassen. Lass sie einfach wegtreiben und werde still.
Du erreichst einen Zustand tiefer Entspannung. Deine Gedanken und Gefühle sind still und klar und haben große schöpferische Kraft. Die Ebenen deines Bewusstseins liegen frei zugänglich vor dir und können genutzt werden.

Diese Übung hilft dir, dich an das zu erinnern, was du tief in deinem Inneren weißt. Du bist unabhängig von deinen Gedanken, deinen Gefühlen, deinen körperlichen Energien und kannst sie frei wählen und austauschen, wie du möchtest und wie es gut für dich ist.

Jetzt erinnere dich und sage zu dir selbst, sage in Gedanken: »Ich bin unabhängig von meinen Gedanken. Ich bin unabhängig von meinen Gefühlen. Ich bin unabhängig von meinen körperlichen Energien. Ich kann diese frei wählen und verändern, wie ich es möchte und wie es gut für mich ist.
Ich bin unabhängig von meinen Gedanken und kann diese frei wählen und verändern, wie ich es möchte und wie es gut für mich ist.
Ich bin unabhängig von meinen Gefühlen und kann diese frei wählen, wie ich es möchte und wie es gut für mich ist.
Ich bin unabhängig von meinen körperlichen Energien und kann den Zustand meines Körpers frei wählen und verändern, wie ich es möchte und wie es gut für mich ist.
Ich bin unabhängig von meinen Gedanken, Gefühlen und körperlichen Energien und kann diese frei wählen und verändern, wie ich es möchte und wie es gut für mich ist.«

Jetzt lernst du diese Unabhängigkeit und Freiheit noch besser nutzen. Erinnere dich an eine Situation, in der du aktiv warst, und halte das Gefühl fest – das Gefühl, die Idee, die Vorstellung einer Situation, in der du aktiv gewesen bist. Tu das jetzt.
Jetzt lass das Gefühl los und ruh dich aus.

Jetzt erinnere dich an eine Situation, in der du ganz ruhig gewesen bist – ruhig und ausgeglichen. Erinnere dich, empfinde, fühle, stell dir diese Situation vor, verinnerliche dieses Gefühl. Tu das jetzt.
Jetzt lass das Gefühl los und ruh dich aus.

Jetzt erinnere dich an ein Ereignis, das dich fröhlich gemacht hat, und verinnerliche dieses Gefühl – ein erfreuliches Ereignis. Tu das jetzt.
Jetzt lass das Gefühl los und ruh dich aus.

Jetzt erinnere dich an ein Ereignis, das dich traurig gemacht hat, und empfinde, verinnerliche dieses Gefühl der Traurigkeit. Tu das jetzt.
Jetzt lass das Gefühl los und ruh dich aus.

Jetzt erinnere dich an ein Ereignis, das du verurteilt hast, das dich heftig berührt hat, und verinnerliche dieses Gefühl. Tu das jetzt.
Jetzt lass auch dieses Gefühl los und ruh dich aus.

Jetzt erinnere dich an ein Ereignis, bei dem du gleichgültig und gelassen warst, gleichgültig und gelassen. Tu das jetzt.
Jetzt lass auch dieses Gefühl los und ruh dich aus.
Lass dich treiben, ruh dich aus.

Je mehr du diesen Wechsel von Gefühlen und Gedanken übst, desto einfacher wird er werden.

Jetzt ist es Zeit zurückzukehren in den normalen wachbewussten Zustand. Komm mehr und mehr zurück in die Wachheit und beginne langsam, dein Umfeld wieder wahrzunehmen, deine Gedanken und Gefühle.
Nun bist du wieder wach und frisch und dein Körper fühlt sich ausgeruht und erholt an.
Öffne die Augen.

Schritt 6
Passende Randenergien wählen

Als Randenergien bezeichne ich alles, was uns umgibt und deshalb eine Wirkung auf uns ausübt: bestimmte Bekannte, die uns aufregen, weil sie so viel reden und nichts sagen; die Nachbarn, die uns mit ihrem Übereifer bedrängen; der Partner, der uns ständig die Schuld an irgendetwas zuschiebt. Alle Faktoren, die es uns schwer machen, in der Stimmung zu bleiben, die wir uns jetzt und in Zukunft wünschen, sind Energiefresser. Alle Faktoren, die uns darin unterstützen, sind Energiespender.

Diese rein energetische Betrachtungsweise verträgt sich nicht unbedingt mit moralischen, ethischen, sozialen und religiösen Sichtweisen, aber andererseits würde es zu einer Verschleierung des wahren energetischen Sachverhalts führen, wenn wir die Randenergien unter solchen Gesichtspunkten beurteilen würden. Außerdem kämen wir in Konflikt, wenn wir klar entscheiden wollen zwischen dem, was uns gut tut und Energie gibt, und dem, was uns belastet und Energie nimmt. Wir brauchen viel Energie, wenn wir unser Leben erfolgreich gestalten und magnetisch auf andere Menschen wirken wollen. Aber unabhängig davon zeigt uns der Zuwachs oder der Verlust von Energie, ob etwas wirklich zu unserem Wesen passt oder nicht und entsprechend, ob wir uns noch auf dem Weg zu unserer Bestimmung befinden oder nicht.

Die folgende Übung schult Ihre Wahrnehmung für die Wirkung der Randenergien und hilft Ihnen bei der bewussten Auswahl der Faktoren in Ihrem Umfeld, die Sie auf sich wirken lassen möchten. Die daran anschließenden Meditationen zeigen Ihnen, wie viel Klarheit Sie in der Ausrichtung Ihrer Gefühle schon erreicht haben.

Nehmen Sie sich im Laufe des Tages immer mal wieder kurz Zeit. Halten Sie einfach inne, egal, was Sie gerade tun, und fragen Sie sich: »Wie fühle ich mich gerade? Bin ich in der Stimmung, in der ich mich wohl fühle? Was unterstützt diese Stimmung? Was macht es mir schwer, sie aufrechtzuerhalten? Was könnte ich ändern, um es einfacher zu haben?« Erinnern Sie sich daran:

Alles könnte immer auch ganz anders sein. Es gibt keinen Grund, in wichtigen Bereichen Kompromisse zu machen, denn Kompromisse rauben kostbare Energie.

Wir sind frei und können unser Leben genauso gestalten, wie wir wollen. Wir können uns die Menschen, mit denen wir es zu tun haben, auch die Partner, nach unseren Sehnsüchten frei aussuchen, wenn wir achtsam sind. Es gibt also überhaupt keinen Grund, etwas zu akzeptieren, was uns nicht gut tut und was wir eigentlich nicht in unserem Leben haben wollen. Wir sind frei!

Wie könnten Sie mehr Unterstützung für Ihre ersehnten Gefühle finden: an welchen Orten, bei welchen Menschen, in welcher Art von Zuhause, in welchem körperlichen Zustand, bei welcher Arbeit, an welchem Arbeitsplatz? Was wäre konkret zu tun, um diese hilfreichen Aspekte tatsächlich in Ihr Leben zu ziehen und sich ihre Energie nutzbar zu machen? Welche Rollen spielen Sie in einem gegebenen Umfeld? Verhindern diese Rollen die Gefühle, die Sie sich wünschen? Gibt es Rollen, die Sie lieber spielen würden? Würden diese Rollen zu Ihrem jetzigen Umfeld passen oder bräuchten sie ein anderes Umfeld?

Wenn Sie Energiefresser in Ihrem Tagesablauf entdeckt haben, fragen Sie sich, was zu tun wäre, um diese aus Ihrem Leben verschwinden zu lassen. Warum passen diese Energiefresser nicht zu Ihrem Wesen? Was würde besser passen? Ist es dafür notwendig, in neue Rollen zu schlüpfen? Oft genügt es, die Energiefresser zu beseitigen, um Energiespender – Menschen, Situationen oder Umstände – in den frei gewordenen Raum zu ziehen.

Wenn Sie zum Beispiel fröhlich sein wollen, pflegen Sie einfach weniger Kontakt mit alten, muffeligen Freunden und begeben Sie sich in die Gesellschaft von Menschen, mit denen es leicht ist sich zu freuen und zu genießen. Wenn Sie großzügig werden wollen, meiden Sie Geizhälse und orientieren sich an lebenslustigen, freudvollen Naturen, die auch möchten, dass es anderen gut geht. Wenn Sie einen Partner haben, der ständig auf Ihren Schwächen herumreitet, suchen Sie sich Freunde, die das Schöne an Ihnen sehen und Ihre Stärken hervorheben. Probieren Sie ruhig auch mal einen kleinen Flirt oder eine Liebelei aus, wenn Sie wieder spüren wollen, wie es ist, angenommen, akzeptiert und für begehrenswert gehalten zu werden. Es wird nicht lange dauern, bis Sie wieder klar spüren, was Sie wirklich wollen. Dann können Sie Ihr Umfeld entsprechend neu ordnen.

Das mag ja alles sein, denken Sie jetzt vielleicht, aber wo finde ich solche Menschen? Verlassen Sie Ihr altes Umfeld und suchen Sie dort, wo etwas stattfindet, das die Menschen interessiert, die Sie treffen möchten. Das können Vorträge oder Seminare sein, aber auch Urlaubsziele, Sportvereine, Schulen oder Ausbildungszentren. Es gibt so viele Möglichkeiten. Aber sicher werden Sie eine neue Art von Menschen nicht unbedingt dort treffen, wo Sie sich bisher immer aufgehalten haben, denn sonst wären Sie Ihnen ja wohl längst begegnet. Fragen Sie sich also einfach, welche Art von Menschen Sie suchen und wo diese sich wohl fühlen könnten, in welchem Umfeld, an welchen Orten, in welcher Stimmung. Und dann gehen Sie dorthin.

Während Sie sich über die Randenergien in Ihrem Leben Gedanken machen, wird Ihnen immer klarer werden, wie viel Sie bis jetzt fraglos hingenommen haben und wie wenig wichtig Ihnen Ihre persönlichen Sehnsüchte und Eigenheiten waren. Vieles, was Sie bisher als völlig normal empfunden haben, ohne je darauf zu achten, was es mit Ihnen macht, wird Ihnen jetzt unpassend vorkommen, genau wie einige der Rollen, die Sie gespielt haben. Allmählich werden Sie Ihr Wesen, Ihre Sehnsüchte und die Art, wie Sie mit dem Leben umgehen wollen, wieder deutlicher spüren. Und mit dieser zunehmenden Klarheit können Sie die Dinge in Ihrem Leben schrittweise zu Ihren Gunsten umgestalten. Zur Vertiefung und Beschleunigung dieses Klärungsprozesses schlage ich Ihnen zwei Meditationen vor.

Die erste Meditation – Selbsterkenntnis – ermöglicht so etwas wie eine klärende Standortbestimmung. Wo stehen Sie? Wie fühlen Sie sich? Wie wirken die verschiedenen Lebensbereiche auf Sie? Was könnte sich zum Besseren verändern? Je klarer Sie diese Fragen beantworten können, desto mehr Ideen werden Sie bekommen und desto motivierter werden Sie Veränderungen angehen.

Meditation – Selbsterkenntnis

Atme langsam tief ein und aus und schließe die Augen.

Atme weiter tief ein und aus, und während du langsam weiteratmest, lass immer mehr los, lass dich treiben.

Der Körper darf jetzt schlafen gehen, deine Gedanken und deine Wahrnehmung werden wach bleiben.

Die Muskeln und Nerven in deinem Unterkiefer entspannen sich, lassen los.

Deine Stirn entspannt sich ... die Muskeln und Nerven in deiner Stirn entspannen sich, lassen los.

Deine Wangen entspannen sich ... die Muskeln und Nerven in deinen Wangen entspannen sich, lassen los.
Deine Augen entspannen sich ... die Muskeln und Nerven in beiden Augen entspannen sich, lassen los. Deine Augen werden klar und entspannt.
Die Kopfhaut entspannt sich ... die Muskeln und Nerven der Kopfhaut entspannen sich, lassen los.
Die Entspannung sinkt tief hinein in den Kopf, tief hinein in die Mitte des Kopfes. Der Kopf wird klar, frei und leicht, ganz entspannt.
Die Entspannung sinkt hinein in den Hals, den Nacken, die Schultern, hinein in die Arme und die Hände. Alle Muskeln und Nerven dort entspannen sich, lassen los.
Die Entspannung fließt hinein in die Hüften, die Beine und die Füße. Alle Muskeln und Nerven dort entspannen sich, lassen los.
Die Entspannung fließt hinein in den Rücken, in die Wirbelsäule. Alle Muskeln und Nerven dort entspannen sich, lassen los.
In diesem Zustand lösen sich deine Gedanken und Gefühle vom Körper. Dein Bewusstsein wird frei und geht eigene Wege. Und dein Körper kann sich jetzt tief entspannen und heilen.
Jetzt sage leise in Gedanken zu dir selbst und empfinde, wenn du möchtest: »Ich weiß tief in meinem Innern: Meine Gedanken, meine Gefühle, meine inneren Bilder bestimmen mein Leben, meinen Körper und meine persönliche Lebenserfahrung. Ich möchte deshalb lernen, sie so bewusst zu gestalten, wie ich es möchte und wie es gut für mich ist.«
Jetzt ist es an der Zeit, für die Dauer dieser Übung alle Gedanken und Gefühle, die dich beschäftigen, loszulassen. Lass sie einfach wegtreiben und werde still.

Du erreichst einen Zustand tiefer Entspannung. Deine Gedanken und Gefühle sind still und klar und haben große schöpferische Kraft. Die Ebenen deines Bewusstseins liegen frei zugänglich vor dir und können genutzt werden.

Diese Übung hilft dir, die verschiedenen Bereiche deines Lebens vor deinen inneren Augen vorbeiziehen zu lassen und sie zu beobachten. Du kannst wahrnehmen, wer du bist und wie du lebst, welche Rolle du spielst und was du tust. Du kannst verstehen, was dich beschäftigt, was dich prägt und bestimmt. Lass diese Eindrücke vorbeiziehen, ohne sie zu werten, leicht und entspannt. Beobachte und lass los.

Jetzt bleibe entspannt und lass alle Bilder, alle Gedanken, alle Gefühle, die auftauchen, an dir vorbeiziehen. Halte sie nicht fest. Lass sie los und beobachte. Frage dich: »Was denke ich über meinen Beruf, über meinen Selbstausdruck in meinem Beruf, über die Mitarbeiter, über die Abhängigkeiten und Verpflichtungen in meinem Beruf, über meine Freizeit?
Wie fühle ich mich morgens, wenn ich aufstehe und an meinen Beruf denke, und abends, nachdem die Arbeit getan ist?
Spreche ich gern über meinen Beruf? Was denken die anderen Menschen über meinen Beruf? Wie steht mein Partner zu meinem Beruf? Unterstützt er mich, oder ist er meinem Beruf gegenüber kritisch eingestellt?
Wie empfinde ich meinen Arbeitsplatz, die Arbeitsatmosphäre dort?
Kann ich mir vorstellen, diesen Beruf bis ins hohe Alter auszuüben?
Wie fühle ich mich bei dem Gedanken, meinen Beruf über Jahre hinweg auszuüben, bis ich alt bin? Hat die Partnerschaft daneben noch Platz?«

Lass los, lass dich treiben von den Gefühlen und Gedanken, die zu diesen Fragen auftauchen. Beobachte ganz entspannt.

Jetzt frage dich zu deinen zwischenmenschlichen Beziehungen: »Welche Beziehungen pflege ich privat und beruflich? Wie tausche ich mich mit Menschen aus? Welchen Umgang pflege ich? Wie viele meiner Beziehungen habe ich frei gewählt? Wie viele bestehen zufällig oder aufgrund äußerer Umstände? Und warum pflege ich diese Beziehungen? Welche Bedeutung haben sie für meine Partnerschaft? Nimmt mein Partner daran teil?«
Lass los, lass dich treiben von den Gefühlen und Gedanken, die zu diesen Fragen auftauchen. Beobachte ganz entspannt.

Jetzt frage dich zum Thema Partnerschaft: »Warum möchte ich eine Partnerschaft? Was verspreche ich mir davon? Welche Art von Partnerschaft möchte ich haben oder habe ich? Wie lange sollte meine Partnerschaft dauern, damit sie mir das geben kann, was ich suche? Welche Rolle sollten Körper, Gefühle und Gedanken in meiner Partnerschaft spielen? Wie möchte ich mich auf meinen Partner beziehen – körperlich, geistig und seelisch? Wie viel Zeit möchte ich für meine Partnerschaft aufwenden? Welche Bedeutung hat Partnerschaft in meinem Leben? Spielen die Erwartungen eines Jägers/Lockvogels eine Rolle in meiner Partnerschaft oder so etwas wie Vater/Mutter-Sichtweisen? Gibt es andere Rollen die meine Partnerschaft prägen?«
Lass los, lass dich treiben von den Gefühlen und Gedanken, die zu diesen Fragen auftauchen. Beobachte ganz entspannt.

Jetzt frage dich zu deinem Körper: »Welchen körperlichen Ausdruck habe ich im Moment? Wie möchte ich mich durch meinen Körper ausdrücken? Wie sehen andere Menschen meinen

Körper? Wie ist der Gesundheitszustand meines Körpers? Mag ich meinen Körper? Wie bringe ich mich durch meine Kleidung zum Ausdruck? Fühle ich mich wohl in meiner Kleidung? Achte ich darauf? Achte ich auf meinen Körper, darauf, was er braucht, was er möchte, was er fühlt? Befriedige ich die Bedürfnisse meines Körpers? Nehme ich sie überhaupt wahr? Spielen körperliche Nähe und Sexualität eine Rolle in meiner Partnerschaft? Fühle ich mich körperlich angenommen?«
Lass los, lass dich treiben von den Gefühlen und Gedanken, die zu diesen Fragen auftauchen. Beobachte ganz entspannt.

Jetzt frage dich zu dir selbst und zu deinem Leben: »Drücke ich mich freiheitlich aus? Spüre ich mich in meinem Leben? Habe ich das Gefühl, dass ich mein Leben bewusst gestalte und sinnvoll lebe? Welche Ziele verfolge ich in meinem Leben, jetzt, in der Gegenwart, in der nahen Zukunft, in der fernen Zukunft? Welche Gefühle habe ich gegenüber meinem Leben, der Welt allgemein, den Menschen, die ich kenne? Sind mir die anderen Menschen und Ihre Meinung wichtig? Brauche ich andere Menschen, und was tun sie für mich? Was möchte ich erreichen, bevor dieses Leben zu Ende geht? Was möchte ich über mein Leben sagen können, wenn es zu Ende geht? Welche Bedeutung hat Partnerschaft in meinem Leben? Wie wichtig und fruchtbar ist sie oder sollte sie sein? Was erwarte ich von einer Partnerschaft für mein Leben?«
Lass los, lass dich treiben in den Gefühlen und Gedanken, die zu diesen Fragen auftauchen. Beobachte ganz entspannt.

Lass nun all diese Gedanken, Bilder und Gefühle in dir wirken. Behalte sie für später im Gedächtnis, damit du entscheiden kannst, was du von deinem Leben möchtest und was du entsprechend ändern möchtest in deinem Leben. Je öfter du diese Übung machst, desto mehr wirst du über dich und dein

Leben verstehen. Selbsterkenntnis und Selbstbewusstsein werden in dir wachsen und dir die Möglichkeit geben, dein Leben bewusst und sinnvoll zu verändern.

Jetzt ist es Zeit zurückzukehren in den normalen wachbewussten Zustand. Komm mehr und mehr zurück in die Wachheit und beginne langsam, dein Umfeld wieder wahrzunehmen, deine Gedanken und Gefühle.
Du bist nun wieder wach und frisch und dein Körper fühlt sich ausgeruht und erholt an.
Öffne die Augen.

In der nachfolgenden Meditation können Sie die Klärung darüber, was in Ihrem Leben und natürlich auch in Ihnen selbst vor sich geht, noch weiter vertiefen, indem Sie abends, wenn Ihre Erinnerung noch frisch ist, den ganzen Tag an sich vorbeiziehen lassen. Was ist an diesem Tag geschehen? Haben Sie zum Beispiel alles getan, was Sie sich morgens vorgenommen hatten? Konnten Sie Ihre Gefühle halten? Haben Sie Ihre Randenergien bewusst ausgesucht? Wie hätte es besser gehen können? Was sollte morgen anders sein, wenn Sie in ähnliche Situationen kommen? Die Meditation verhilft Ihnen zu mehr Bewusstsein darüber, wie sehr oder wie wenig Sie Ihr Leben, Ihre Gedanken, Ihre Gefühle und Ihre Handlungen um Ihre Sehnsüchte herum gestalten.

Meditation – Selbstbeobachtung abends

Atme langsam tief ein und aus und schließe die Augen.
Atme weiter tief ein und aus, und während du langsam weiteratmest, lass immer mehr los, lass dich treiben.

Der Körper darf jetzt schlafen gehen, deine Gedanken und deine Wahrnehmung werden wach bleiben.
Die Muskeln und Nerven in deinem Unterkiefer entspannen sich, lassen los.
Deine Stirn entspannt sich ... die Muskeln und Nerven in deiner Stirn entspannen sich, lassen los.
Deine Wangen entspannen sich ... die Muskeln und Nerven in deinen Wangen entspannen sich, lassen los.
Deine Augen entspannen sich ... die Muskeln und Nerven in beiden Augen entspannen sich, lassen los. Deine Augen werden klar und entspannt.
Die Kopfhaut entspannt sich ... die Muskeln und Nerven der Kopfhaut entspannen sich, lassen los.
Die Entspannung sinkt tief hinein in den Kopf, tief hinein in die Mitte des Kopfes. Der Kopf wird klar, frei und leicht, ganz entspannt.
Die Entspannung sinkt hinein in den Hals, den Nacken, die Schultern, hinein in die Arme und die Hände. Alle Muskeln und Nerven dort entspannen sich, lassen los.
Die Entspannung fließt hinein in die Hüften, die Beine und die Füße. Alle Muskeln und Nerven dort entspannen sich, lassen los.
Die Entspannung fließt hinein in den Rücken, in die Wirbelsäule. Alle Muskeln und Nerven dort entspannen sich, lassen los.
In diesem Zustand lösen sich deine Gedanken und Gefühle vom Körper. Dein Bewusstsein wird frei und geht eigene Wege. Und dein Körper kann sich jetzt tief entspannen und heilen.

Jetzt sage leise in Gedanken zu dir selbst und empfinde, wenn du möchtest: »Ich weiß tief in meinem Innern: Meine Gedanken, meine Gefühle, meine inneren Bilder bestimmen mein

Leben, meinen Körper und meine persönliche Lebenserfahrung. Ich möchte deshalb lernen, sie so bewusst zu gestalten, wie ich es möchte und wie es gut für mich ist.«

Jetzt ist es an der Zeit, für die Dauer dieser Übung alle Gedanken und Gefühle, die dich beschäftigen, loszulassen. Lass sie einfach wegtreiben und werde still.
Du erreichst einen Zustand tiefer Entspannung. Deine Gedanken und Gefühle sind still und klar und haben große schöpferische Kraft. Die Ebenen deines Bewusstseins liegen frei zugänglich vor dir und können genutzt werden.
Diese Übung hilft dir, die geistigen Energien, Gefühle, Gedanken und Reaktionen, die du am heutigen Tag gezeigt hast, zu überprüfen und zu verstehen. Dann kannst du sie neu ordnen und morgen und in der Zukunft so gestalten, wie du sie haben möchtest und wie es zu dem neuen Bild von deinem Leben passt.

Jetzt lass den heutigen Tag noch einmal vor deinem geistigen Auge vorbeiziehen. Werde dir deiner Gefühle, deiner Gedanken und deiner inneren Energien bewusst – deiner Erwartungen, deiner Ängste, deines Ärgers, deiner Hoffnungen, deiner Freude, deiner Ausgeglichenheit – und erfühle die geistige Wirklichkeit, die du am heutigen Tag erlebt hast.

Jetzt frage dich: »Was habe ich als Erstes gefühlt und gedacht, als ich am Morgen aufgewacht bin, vielleicht noch halb im Schlaf? Welche Einstellung hatte ich heute früh zu diesem kommenden Tag? Welche Erwartungen, Gefühle, Ängste oder Zwänge habe ich empfunden?«
Jetzt frage dich: »Wie haben sich diese Gefühle, Gedanken und Erwartungen im Laufe des Tages bestätigt oder verändert?«

Jetzt frage dich: »Welche Personen habe ich heute getroffen und wie habe ich mich mit ihnen ausgetauscht? Wie habe ich sie behandelt und wie haben sie auf mich reagiert und mich behandelt? Was habe ich mit meinem Partner erlebt, wie haben wir uns ausgetauscht? Welche Gefühle sind zwischen uns entstanden?«

Jetzt frage dich: »Welche Erlebnisse des heutigen Tages sind mir aufgefallen? Wie habe ich darauf reagiert – in meinen Gedanken, mit meinen Gefühlen, mit meinem Körper? Kann ich hinter meinen Reaktionen stehen oder möchte ich sie morgen und überhaupt in der Zukunft verändern? An welche wichtigen Erlebnisse des heutigen Tages kann ich mich erinnern? Wie habe ich in meinen Gedanken, mit meinen Gefühlen und mit meinem Körper darauf reagiert? Möchte ich in Zukunft anders reagieren und in welcher Form?«

Jetzt frage dich: »Entsprechen die Ereignisse des heutigen Tages der Lebenseinstellung, die ich bisher hatte? Welche Rollen habe ich gespielt? Möchte ich in Zukunft anders leben, neue Rollen spielen? Und wie muss ich mein Denken und Fühlen verändern, um andere Lebensumstände, Erfahrungen und Reaktionen von Menschen anzuziehen und zu schaffen? Habe ich in meiner Partnerschaft Liebe und Freude, Inspiration und Nähe erlebt? War mir der Partner heute wichtig? Was hat mir in der Partnerschaft gefehlt und was will ich in Zukunft haben?«

Jetzt, nachdem du deine Energien des heutigen Tages verstanden hast, versuche diesen Tag in deiner Vorstellung mit neuen Situationen zu füllen, mit neuen Gefühlen, mit neuen Gedanken. Versuche den Tag in deiner Vorstellung so zu verändern, wie du ihn lieber erlebt hättest. Verändere die Energie dieses Tages in deiner Vorstellung, die Situationen, dein Verhalten, deine Gefühle, deine Gedanken und auch dein Umfeld. Welche Rolle soll dein Partner dabei spielen?

Erhalte diese neue, in deiner Phantasie geschaffene Energie des heutigen Tages und nimm sie, wenn du heute schlafen gehst, mit in deine Träume.

Jetzt ist es Zeit zurückzukehren in den normalen wachbewussten Zustand. Komm mehr und mehr zurück in die Wachheit und beginne langsam, dein Umfeld wieder wahrzunehmen, deine Gedanken und Gefühle.
Du bist nun wieder wach und frisch und dein Körper fühlt sich ausgeruht und erholt an.
Öffne die Augen.

Schritt 7
Sinnvoll mit Angst umgehen

Dass der Weg in die Freiheit und zur Erfüllung unserer Sehnsüchte schwierig und anstrengend sein kann, stimmt zwar, scheint mir aber bedeutungslos angesichts der Tatsache, dass ein Leben, in dem wir nicht das erleben oder tun können, was uns wirklich im Herzen berührt, umsonst gelebt ist. Wenn wir ein sinnvolles Leben führen wollen, bleibt uns nicht anderes übrig, als diesen bewussten Weg zur Erfüllung unserer Sehnsüchte und Fähigkeiten zu gehen – auch in der Partnerschaft, denn sie ist für die meisten von uns der ruhende Pol, die Plattform, von der aus wir unser Leben aufbauen, die Quelle unserer Inspiration und Energie. Vielleicht denken Sie jetzt: Na gut, aber ich habe trotzdem Angst, Angst vor Verantwortung, Angst vor Verlust, Angst vor Einsamkeit, viele Ängste, die mich völlig lähmen und gegen die ich nichts tun kann. Und um meine Partnerschaft habe ich ganz besonders Angst, denn ich will nicht verlieren, was ich gefunden und aufgebaut habe. Selbst wenn ich manchmal spüre, dass ich in meiner Partnerschaft nicht mehr glücklich bin und überhaupt nicht erlebe, wonach ich mich sehne, kommen mir bei dem Gedanken an Trennung sofort alle möglichen Ängste: Angst vor dem Alleinsein, Angst, ohne Hilfe ein neues Leben beginnen zu müssen, weniger Geld zu haben, wieder arbeiten zu müssen und so weiter.

Woher kommen diese Ängste?

Die meisten Ängste kommen daher, dass wir keinen Zugang mehr zu unseren Fähigkeiten und Möglichkeiten haben und uns daher machtlos fühlen. Angst bezieht ihre Kraft aus der Illusion, dass ein schlechtes Leben immer noch besser ist als gar kein Leben oder ein Leben, in dem man alles verliert. Aus der Perspektive der Angst sieht selbst eine schlechte Partnerschaft immer noch besser aus als die Möglichkeit einsam unterzugehen. Um solche Ängste auflösen zu können müssen wir uns wieder auf unsere innere Kraft besinnen und unseren freien Willen zur bewussten Gestaltung unseres Lebens einsetzen. Erst wenn wir uns unserer geistigen Freiheit sowie unserer Fähigkeiten und Möglichkeiten wieder bewusst sind, werden sich unsere Ängste auflösen. Angstvoll in ungeliebten Situationen zu verharren und die Illusion von Sicherheit zu pflegen, wäre der falsche Weg, auf dem wir unsere Ängste nur weiter nähren würden.

So viele Partnerschaften werden nur aus Angst vor Sicherheitsverlust aufrechterhalten und entwickeln sich allmählich zu einem regelrechten Gefängnis, das nur noch erstickend und krank machend wirkt, meist sogar für beide Partner.

Eine Partnerschaft sollte uns Mut machen und Inspiration geben auf dem Weg zur Erfüllung unserer Sehnsüchte. Wenn sie uns jedoch lähmt, erstickt sie unsere Lebensgeister.

Die folgenden Meditationen werden Ihnen helfen, mehr Mut und Motivation aufzubauen, wenn es darum geht, klare Entscheidungen zu treffen und Veränderungen zu wagen.

Die Meditation »Kraftvolles Selbst« erinnert Sie an die Kraft der Gegenwart, nämlich daran, dass alles, was ist, jederzeit auch anders sein könnte, und daran, dass Sie den Schlüssel und die Kraft der Veränderung in sich selbst tragen.

Meditation – Kraftvolles Selbst

Atme langsam tief ein und aus und schließe die Augen.
Atme weiter tief ein und aus, und während du langsam weiteratmest, lass immer mehr los, lass dich treiben.
Der Körper darf jetzt schlafen gehen, deine Gedanken und deine Wahrnehmung werden wach bleiben.
Die Muskeln und Nerven in deinem Unterkiefer entspannen sich, lassen los.
Deine Stirn entspannt sich ... die Muskeln und Nerven in deiner Stirn entspannen sich, lassen los.
Deine Wangen entspannen sich ... die Muskeln und Nerven in deinen Wangen entspannen sich, lassen los.
Deine Augen entspannen sich ... die Muskeln und Nerven in beiden Augen entspannen sich, lassen los. Deine Augen werden klar und entspannt.

Die Kopfhaut entspannt sich ... die Muskeln und Nerven der Kopfhaut entspannen sich, lassen los.
Die Entspannung sinkt tief hinein in den Kopf, tief hinein in die Mitte des Kopfes. Der Kopf wird klar, frei und leicht, ganz entspannt.
Die Entspannung sinkt hinein in den Hals, den Nacken, die Schultern, hinein in die Arme und die Hände. Alle Muskeln und Nerven dort entspannen sich, lassen los.
Die Entspannung fließt hinein in die Hüften, die Beine und die Füße. Alle Muskeln und Nerven dort entspannen sich, lassen los.
Die Entspannung fließt hinein in den Rücken, in die Wirbelsäule. Alle Muskeln und Nerven dort entspannen sich, lassen los.
In diesem Zustand lösen sich deine Gedanken und Gefühle vom Körper. Dein Bewusstsein wird frei und geht eigene Wege. Und dein Körper kann sich jetzt tief entspannen und heilen.

Jetzt sage leise in Gedanken zu dir selbst und empfinde, wenn du möchtest: »Ich weiß tief in meinem Innern: Meine Gedanken, meine Gefühle, meine inneren Bilder bestimmen mein Leben, meinen Körper und meine persönliche Lebenserfahrung. Ich möchte deshalb lernen, sie so bewusst zu gestalten, wie ich es möchte und wie es gut für mich ist.«

Jetzt ist es an der Zeit, für die Dauer dieser Übung alle Gedanken und Gefühle, die dich beschäftigen, loszulassen. Lass sie einfach wegtreiben und werde still.
Du erreichst einen Zustand tiefer Entspannung. Deine Gedanken und Gefühle sind still und klar und haben große schöpferische Kraft. Die Ebenen deines Bewusstseins liegen frei zugänglich vor dir und können genutzt werden.

Diese Übung bringt dich in Kontakt mit der Kraft deines Unbewussten, mit der Quelle deiner inneren Energie. Sie hilft dir, dich wieder daran zu erinnern, dass Wechsel und Veränderung natürliche Lebensprinzipien sind und dass du deine Wirklichkeit mit der Kraft deines Unterbewussten ständig neu gestalten kannst.

Sage in Gedanken zu dir selbst, fühle und empfinde: »Ich bin frei und habe alle Möglichkeiten, meine Wirklichkeit in der Gegenwart so zu verändern, wie es zu mir passt und wie ich es möchte. Alle Kraft zur Veränderung liegt in der Gegenwart.
Ich bin unbegrenzt und frei in meinen Möglichkeiten. Ich bin unbegrenzt und frei in meinen Möglichkeiten.
Ich kann meine persönliche Wirklichkeit in der Gegenwart so verändern, wie ich es möchte und wie es gut für mich ist. Ich kann meine Energien bewusst wählen und ausrichten, so dass sie dem entsprechen, was ich möchte. Alle anderen Energien lasse ich los, vor allem meine Vergangenheit. Ich bin frei und unbegrenzt in meinen Möglichkeiten.
Wechsel und Veränderung sind natürliche Lebensprinzipien. Ich folge diesen Prinzipien und verändere meine Gegenwart, wie sie mir entspricht und wie ich es möchte. Ich bin bereit für jede Veränderung, die mir entspricht und die mir hilft, ich selbst zu sein.
Die Energien, die ich in mir trage, und die Ideen, mit denen ich mich beschäftige, meine Gedanken, meine Gefühle, meine Erwartungen, meine Weltsicht bestimmen meine persönliche Wirklichkeit. Die Energien, mit denen ich mich auseinander setze und auf die ich mich konzentriere, ziehen Umstände in mein Leben, die dazu passen. Ich bestimme meine persönliche Wirklichkeit in der Gegenwart, und zwar mit den Energien, die ich bewusst wähle, über die ich rede, an die ich denke, die ich betrachte und die ich fühle.

Ich bin unbegrenzt und frei in meinen Möglichkeiten. Ich kann bewusst entscheiden, welche Energien ich in mir tragen möchte. Ich bestimme meine Gegenwart. Ich bin bereit für den Wechsel und wähle die Energien, die ich in meine persönliche Wirklichkeit bringen möchte, ganz bewusst aus. Ich bin frei und unbegrenzt in meinen Möglichkeiten.
Ich bin frei und unbegrenzt und all meine Kraft liegt in der Gegenwart. Ich mache mich frei von meiner Vergangenheit und frei von meiner Zukunft. Alle Kraft und alle Energien liegen in meiner Gegenwart.
Ich entscheide ganz frei über meine Energien und über das, was in meinem Leben wichtig sein soll: über meine Gefühle, über meine Gedanken, über meine inneren Bilder. Was für mich wichtig ist, bestimmt mein Leben.
Ich bin frei und unbegrenzt. Meine Gefühle, meine Gedanken, meine Erwartungen, die Ideen, die ich in mir trage, und das, worauf ich mich konzentriere, bestimmen meine persönliche Wirklichkeit. Indem ich meine Gegenwart verändere, verändere ich mein Leben. Ich bin frei.
Ich bin frei und unbegrenzt. Ich kann in der Gegenwart alles verändern und mich sowohl von der Vergangenheit als auch von der Zukunft befreien. Ich kann meine Gedanken, meine Gefühle, meine Erwartungen und alles, was für mich wichtig sein soll, frei wählen und damit über mein Leben bestimmen.«

All diese Ideen sind jetzt tief in dir verankert, in deinem See des Unterbewusstseins. Sie helfen dir, deine inneren Kräfte neu zu formen und dein Leben frei zu gestalten.

Jetzt ist es Zeit zurückzukehren in den normalen wachbewussten Zustand. Komm mehr und mehr zurück in die Wachheit und beginne langsam, dein Umfeld wieder wahrzunehmen, deine Gedanken und Gefühle.

Du bist nun wieder wach und frisch und dein Körper fühlt sich ausgeruht und erholt an.
Öffne die Augen.

Je öfter Sie diese Ideen in sich bewegen, am besten abends vor dem Einschlafen oder gleich morgens nach dem Aufwachen, desto mehr wird Ihre Motivation wachsen, die Dinge zu verändern, und auch Ihr Mut, Neues zu wagen.

Die folgende Meditation soll Ihnen dabei helfen, sich nicht in äußeren Aktivitäten zu verlieren, die wenig mit Ihrem Wesen und Ihren Sehnsüchten zu tun haben. Sie erinnert Sie an die wahren Fähigkeiten, Sehnsüchte und Möglichkeiten Ihres Wesens, die Sie zum Ausdruck bringen wollen und um die herum Sie Ihr Leben gestalten möchten.

Meditation – Selbstausdruck

Atme langsam tief ein und aus und schließe die Augen.
Atme weiter tief ein und aus, und während du langsam weiteratmest, lass immer mehr los, lass dich treiben.
Der Körper darf jetzt schlafen gehen, deine Gedanken und deine Wahrnehmung werden wach bleiben.
Die Muskeln und Nerven in deinem Unterkiefer entspannen sich, lassen los.
Deine Stirn entspannt sich ... die Muskeln und Nerven in deiner Stirn entspannen sich, lassen los.
Deine Wangen entspannen sich ... die Muskeln und Nerven in deinen Wangen entspannen sich, lassen los.
Deine Augen entspannen sich ... die Muskeln und Nerven in beiden Augen entspannen sich, lassen los. Deine Augen werden klar und entspannt.

Die Kopfhaut entspannt sich ... die Muskeln und Nerven der Kopfhaut entspannen sich, lassen los.
Die Entspannung sinkt tief hinein in den Kopf, tief hinein in die Mitte des Kopfes. Der Kopf wird klar, frei und leicht, ganz entspannt.
Die Entspannung sinkt hinein in den Hals, den Nacken, die Schultern, hinein in die Arme und die Hände. Alle Muskeln und Nerven dort entspannen sich, lassen los.
Die Entspannung fließt hinein in die Hüften, die Beine und die Füße. Alle Muskeln und Nerven dort entspannen sich, lassen los.
Die Entspannung fließt hinein in den Rücken, in die Wirbelsäule. Alle Muskeln und Nerven dort entspannen sich, lassen los.
In diesem Zustand lösen sich deine Gedanken und Gefühle vom Körper. Dein Bewusstsein wird frei und geht eigene Wege. Und dein Körper kann sich jetzt tief entspannen und heilen.

Jetzt sage leise in Gedanken zu dir selbst und empfinde, wenn du möchtest: »Ich weiß tief in meinem Innern: Meine Gedanken, meine Gefühle, meine inneren Bilder bestimmen mein Leben, meinen Körper und meine persönliche Lebenserfahrung. Ich möchte deshalb lernen, sie so bewusst zu gestalten, wie ich es möchte und wie es gut für mich ist.«

Jetzt ist es an der Zeit, für die Dauer dieser Übung alle Gedanken und Gefühle, die dich beschäftigen, loszulassen. Lass sie einfach wegtreiben und werde still.

Du erreichst einen Zustand tiefer Entspannung. Deine Gedanken und Gefühle sind still und klar und haben große schöpferische Kraft. Die Ebenen deines Bewusstseins liegen frei zugänglich vor dir und können genutzt werden.

Eine erfolgreiche und freie Lebensgestaltung ist nur dann möglich, wenn du deine Grundpersönlichkeit spürst und selbstverständlich zum Ausdruck bringst. Je mehr du deine Wünsche, Bedürfnisse und Fähigkeiten lebst, desto mehr Motivation und Befriedigung wirst du empfinden. Dein individueller Lebensstil wird sich natürlich entwickeln. Er wird dich frei machen und anderen Menschen gegenüber tolerant werden lassen. Er wird dir helfen, den Partner anzuziehen, der zu dir und zu deiner Bestimmung passt und der dich auf deinem Lebensweg inspiriert und unterstützt.
Diese Übung hilft dir, dich selbst wahrzunehmen und bewusst auszudrücken. In diesem Selbstausdruck wirst du dich selbst erkennen und wirkliches Selbstbewusstsein erfahren.

Jetzt sage in Gedanken zu dir selbst, fühle und empfinde: »Ich bin frei, ich selbst zu sein und andere sie selbst sein zu lassen. Ich bin frei, ich selbst zu sein und andere sie selbst sein zu lassen.
Ich werde mir meiner Gedanken, meiner Gefühle und meiner Reaktionen in den Rollen, die ich spiele, mehr und mehr bewusst. Ich verstehe, warum ich diese Gefühle, diese Gedanken und diese Reaktionen zeige, und ich weiß, dass ich die Freiheit habe, mich bewusst für oder gegen sie zu entscheiden. Ich achte mehr und mehr auf meine Gedanken, meine Gefühle und meine Reaktionen auf mein Umfeld und beginne sie bewusst zu lenken, so dass sie mir Energie geben und ich mich in ihnen lebendig fühle.
Ich nehme die Gedanken und Gefühle, die meinem Wesen entsprechen, immer bewusster wahr und erkenne dadurch meine innersten Wünsche und Bedürfnisse, meine Fähigkeiten und Eigenheiten.
Ich spüre meine innersten Wünsche, Bedürfnisse und Fähigkeiten mehr und mehr und möchte sie auch zum Ausdruck

bringen. Ich spüre meine Wünsche, meine Bedürfnisse und meine Fähigkeiten mehr und mehr und möchte sie bewusst zum Ausdruck bringen.

In diesem Selbstbewusstsein nehme ich mich so an, wie ich bin, und drücke mich entsprechend aus. Ich nehme mich so an, wie ich bin, und drücke mich entsprechend aus.
Indem ich mich selbst so annehme und ausdrücke, wie ich bin, stärke ich mein Selbstbewusstsein. In diesem Selbstbewusstsein kann ich auch die anderen so lassen, wie sie sind, und ihnen die Freiheit geben, sie selbst zu sein und sich auszudrücken. Ich bin frei und sie sind frei, sie selbst zu sein und sich selbst zu leben.
Mit meinem Selbstbewusstsein kann ich mich selbst liebevoll so lassen, wie ich bin, und ich kann auch die anderen liebevoll lassen, wie sie sind. Ich bin selbstbewusst und kann die anderen in ihrem eigenen Ausdruck liebevoll lassen.
Indem ich mich selbst ausdrücke, spüre ich mich selbst. In meinem Selbstausdruck bin ich selbstbewusst und spüre meinen persönlichen Lebenssinn.
Indem ich ich selbst bin und mich selbst ausdrücke, ziehe ich die Umstände, die Menschen und die persönliche Wirklichkeit an, die zu mir passen und die meinem Lebenssinn entsprechen. Indem ich mich selbst ausdrücke, ziehe ich die Umstände, die Menschen und die Wirklichkeit an, die zu mir und zu meinem Lebenssinn passen.

Ich bin frei, ich selbst zu sein, mich auszudrücken und mich liebevoll zu lassen, wie ich auch frei bin, die anderen liebevoll zu lassen und zuzulassen, dass sie sich so ausdrücken, wie sie sind und wie es ihnen entspricht. Ich bin frei, sie wertfrei und liebevoll zu lassen.

Ich bin frei, ich selbst zu sein, mich auszudrücken, meinen eigenen Lebenssinn zu erfüllen und mich selbst liebevoll zu lassen. Ich bin frei, die anderen liebevoll zu lassen, so dass auch sie ihren eigenen Lebenssinn finden und ausdrücken können. Ich bin frei.«

Ruh dich in diesem Bewusstsein aus. Lass diese Ideen, diese Absicht in dir wirken und lebendig werden. Lass sie dein Leben bestimmen, damit du ganz frei du selbst sein kannst.

Jetzt ist es Zeit zurückzukehren in den normalen wachbewussten Zustand. Komm mehr und mehr zurück in die Wachheit und beginne langsam, dein Umfeld wieder wahrzunehmen, deine Gedanken und Gefühle.
Du bist nun wieder wach und frisch und dein Körper fühlt sich ausgeruht und erholt an.

Öffne die Augen.

Während die erste Meditation Ihnen bewusst machte, wie natürlich jede Veränderung ist und wie erfolgreich Sie Dinge verändern können, wenn Sie entsprechend motiviert sind, erinnern Sie sich in dieser zweiten daran, wie wichtig es ist, Ihr Wesen zu suchen und Ihren wirklichen Sehnsüchten und Fähigkeiten Ausdruck zu verleihen. Je deutlicher Sie sich selbst leben, desto stärker wird die magnetische Kraft, die Sie auf Menschen ausüben, die wirklich zu Ihnen passen. Und genau dadurch werden Sie auch bereit für eine fruchtbare Partnerschaft, die nicht mehr geprägt ist von gegenseitiger Rücksichtnahme und hohlen Rollenspielen, sondern von Liebe, Inspiration und Kraft.

Schritt 8
Verzeihen als Energiequelle entdecken

Auch Wut und Groll lähmen unsere Energien und verhindern, dass diese kraftvoll dorthin fließen, wo wir uns und unser Leben verändern wollen. Wut und Groll empfinden wir immer dann, wenn wir uns aufgehalten oder ungerecht behandelt fühlen, wenn wir glauben, nicht tun zu dürfen oder bekommen zu können, was wir wollen oder wovon wir glauben, dass es uns zusteht. Unabhängig davon, ob wir unsere Wut zum Ausdruck bringen oder sie verdrängen, verwickelt sie uns auf ungute Weise mit den Menschen, die wir dafür verantwortlich machen. Sie prägt unsere Ausstrahlung und frisst sehr viel kostbare Energie, die wir besser nutzen könnten, wenn wir sie voll zur Verfügung hätten. Wut kann uns so sehr an andere Menschen binden, dass wir in unserem Denken, Fühlen und Handeln nicht mehr frei sind und leichte, liebevolle und fröhliche Energien nur noch schwer aufbauen können. Damit werden wir für andere Menschen immer weniger attraktiv, auch für den richtigen Partner, so wir ihn denn suchen.

Die beste Möglichkeit, Verwicklungen mit Menschen zu lösen, die uns verletzt, gekränkt, ausgenutzt, misshandelt oder ungerecht behandelt haben, besteht darin, ihnen zu verzeihen. Aber wie können wir verzeihen, wenn wir von Wut erfüllt sind oder uns tief gekränkt zurückgezogen haben?

Bevor wir von Herzen verzeihen können, müssen wir unsere Wahrnehmung von uns selbst weg auf die Menschen lenken, auf die wir wütend sind. Was mag sie wohl veranlasst haben, sich so zu verhalten? Haben sie sich vielleicht im Recht geglaubt? Waren sie möglicherweise sogar der Ansicht, etwas Gutes getan zu haben? Solange wir unsere Position nicht vorübergehend verlassen und uns in andere hineinversetzen können, bleiben wir in Selbstmitleid gefangen.

Die folgende Übung kann Ihnen helfen, die Dinge von einer höheren Warte aus zu sehen. Aus dieser Perspektive ist Verstehen und Verzeihen viel leichter möglich.

Gehen Sie in Ihrer Erinnerung möglichst weit zurück und fragen Sie sich, welchen Menschen gegenüber Sie Groll empfunden haben und warum. Versuchen Sie dann, sich in diese Menschen hineinzuversetzen und zu begreifen, warum sie sich damals vielleicht im Recht fühlten oder womöglich sogar der Ansicht waren, Ihnen etwas Gutes zu tun. Betrachten Sie möglichst neutral, was geschehen ist, ohne sich selbst als Opfer zu wichtig zu nehmen. Worin bestand das Verhalten der betreffenden Menschen genau? Was bezweckten sie? Welche geistige Einstellung stand hinter ihrem Handeln? In welcher Zwickmühle haben sie sich vielleicht befunden? Betrachten Sie die gegebene Situation aus möglichst vielen Blickwinkeln, bis Sie besser verstehen, was vorgefallen ist: die Motivation aller Beteiligten und auch die Rolle, die Sie selbst unbewusst gespielt haben.

Bleiben Sie sich immer bewusst, dass viele der Verletzungen und vermeintlichen Misshandlungen, die wir erleiden müssen, auf enttäuschte Erwartungen zurückzuführen sind. Wir haben eine Rolle gespielt und anderen eine dazu passende Rolle aufgedrängt. Aber vielleicht wollten die anderen diese Rolle gar nicht spielen.

Je mehr Verständnis wir für Menschen und Situationen aufbringen, desto mehr innere Freiheit gewinnen wir. Wir alle hätten uns in jeder Situation natürlich auch ganz anders verhalten können, aber damals wussten wir es eben nicht besser. Und genau das gilt für alle anderen Menschen. Wenn wir das einsehen können, wird es uns leichter fallen, enttäuschende Geschehnisse neutral zu sehen und zu verzeihen – den anderen genau wie uns selbst.

Die folgende Meditation sorgt für eine verbindliche und wohlwollende Einstellung anderen Menschen gegenüber und macht es Ihnen zunehmend leichter, Menschen liebevoll zu lassen und zu verstehen, so wie sie eben sind, auch sich selbst.

Meditation – Das Herz öffnen

Atme langsam tief ein und aus und schließe die Augen.

Atme weiter tief ein und aus, und während du langsam weiteratmest, lass immer mehr los, lass dich treiben.

Der Körper darf jetzt schlafen gehen, deine Gedanken und deine Wahrnehmung werden wach bleiben.

Die Muskeln und Nerven in deinem Unterkiefer entspannen sich, lassen los.

Deine Stirn entspannt sich ... die Muskeln und Nerven in deiner Stirn entspannen sich, lassen los.

Deine Wangen entspannen sich ... die Muskeln und Nerven in deinen Wangen entspannen sich, lassen los.

Deine Augen entspannen sich ... die Muskeln und Nerven in beiden Augen entspannen sich, lassen los. Deine Augen werden klar und entspannt.

Die Kopfhaut entspannt sich ... die Muskeln und Nerven der Kopfhaut entspannen sich, lassen los.

Die Entspannung sinkt tief hinein in den Kopf, tief hinein in die Mitte des Kopfes. Der Kopf wird klar, frei und leicht, ganz entspannt.

Die Entspannung sinkt hinein in den Hals, den Nacken, die Schultern, hinein in die Arme und die Hände. Alle Muskeln und Nerven dort entspannen sich, lassen los.
Die Entspannung fließt hinein in die Hüften, die Beine und die Füße. Alle Muskeln und Nerven dort entspannen sich, lassen los.
Die Entspannung fließt hinein in den Rücken, in die Wirbelsäule. Alle Muskeln und Nerven dort entspannen sich, lassen los.
In diesem Zustand lösen sich deine Gedanken und Gefühle vom Körper. Dein Bewusstsein wird frei und geht eigene Wege. Und dein Körper kann sich jetzt tief entspannen und heilen.

Jetzt sage leise in Gedanken zu dir selbst und empfinde, wenn du möchtest: »Ich weiß tief in meinem Innern: Meine Gedanken, meine Gefühle, meine inneren Bilder bestimmen mein Leben, meinen Körper und meine persönliche Lebenserfahrung. Ich möchte deshalb lernen, sie so bewusst zu gestalten, wie ich es möchte und wie es gut für mich ist.«

Jetzt ist es an der Zeit, für die Dauer dieser Übung alle Gedanken und Gefühle, die dich beschäftigen, loszulassen. Lass sie einfach wegtreiben und werde still.
Du erreichst einen Zustand tiefer Entspannung. Deine Gedanken und Gefühle sind still und klar und haben große schöpferische Kraft. Die Ebenen deines Bewusstseins liegen frei zugänglich vor dir und können genutzt werden.
Diese Übung hilft dir, andere Menschen zu lieben, sie liebevoll zu lassen und ihnen die Freiheit zu geben, sich so auszudrücken, wie es für sie richtig ist und wie sie es möchten. Sie hilft dir auch, dich selbst zu lieben und liebevoll anzunehmen und dich so auszudrücken, wie du es möchtest und es gut für

dich ist. Diese Einstellung wird Menschen anziehen, die selbstverständlich und natürlich zu dir passen und dich so lieben, wie du bist. Du kannst Freundschaften und Partnerschaften aufbauen, in denen sich die Energien aller Beteiligten natürlich überlappen und austauschen, in denen jeder er selbst sein kann und sein soll und wo jeder das findet, was ihm gut tut.

Jetzt sage zu dir selbst, spüre und empfinde: »Ich verstehe die Menschen in ihrem Ausdruck und liebe sie so, wie sie sind. Ich lasse sie frei, so zu sein und zu leben, wie sie sind und sein möchten.

Ich verstehe die Menschen in Ihrem Ausdruck und liebe sie so, wie sie sind. Ich lasse sie frei, so zu sein, wie sie sind.

Ich nehme meine Gedanken, meine Gefühle und meine Sehnsüchte wahr und drücke sie bewusst aus. Ich bin mir meiner selbst bewusst und lebe mich so, wie ich bin und wie ich es möchte: Ich folge meinen natürlichen Wünschen und Bedürfnissen.

Ich nehme meine Gedanken, meine Gefühle und meine Sehnsüchte wahr und drücke sie bewusst aus. Ich bin mir meiner selbst bewusst und lebe mich so, wie ich bin und wie ich es möchte: Ich folge meinen natürlichen Wünschen und Bedürfnissen.

Indem ich mich selbst lebe und auch den anderen die Freiheit gebe, sie selbst zu sein und sich zu leben, ziehe ich ganz natürlich Menschen an, die zu mir passen, die mich in meinem Ausdruck unterstützen und mich so sein lassen, wie ich bin. Genauso helfe ich auch ihnen, sie selbst zu sein und sich selbst zu leben.

Ich drücke mich aus, freiheitlich und selbstverständlich, und gebe auch anderen die Freiheit, sie selbst zu sein. Damit ziehe ich Menschen an, die natürlich und selbstverständlich zu mir passen, die mir meinen eigenen Ausdruck lassen und mich sogar darin unterstützen, so wie auch ich sie liebevoll lassen kann.

Liebevolle Freundschaft, Verständnis und Toleranz prägen meine Beziehungen zu anderen Menschen. Liebevolle Freundschaft, Verständnis und Toleranz verbinden mich mit anderen Menschen.

Ich bin aufmerksam und verständnisvoll anderen Menschen gegenüber und lasse sie in ihrem eigenen Ausdruck liebevoll sein, so wie auch sie mich in meinem Ausdruck sein lassen und mich liebevoll so annehmen, wie ich bin und sein möchte.

Die Menschen, denen ich mich besonders verbunden fühle und die ich persönlich liebe, lasse ich frei, voller Verständnis und Toleranz. Ich wünsche ihnen das, was gut für sie ist, in jeder Beziehung.
Die Menschen, denen ich mich besonders verbunden fühle und die ich persönlich liebe, lasse ich frei, voller Verständnis und Toleranz. Ich wünsche Ihnen das, was gut für sie ist, in jeder Beziehung.

In diesem Bewusstsein ziehe ich die Menschen an, die mich so lieben, wie ich bin, die mich frei lassen und die mir voll Verständnis das wünschen, was gut für mich ist.«

Diese Gedanken, Ideen und Gefühle sind jetzt als Absicht im See deines Unterbewussten verankert und wirken dort für dich. Sie gestalten dich selbst und dein Leben. Ruhe dich aus.

Jetzt ist es Zeit zurückzukehren in den normalen wachbewussten Zustand. Komm mehr und mehr zurück in die Wachheit und beginne langsam, dein Umfeld wieder wahrzunehmen, deine Gedanken und Gefühle.
Du bist nun wieder wach und frisch und dein Körper fühlt sich ausgeruht und erholt an.
Öffne die Augen.

Schritt 9
Wunschenergie freisetzen

In dieser Etappe auf dem Weg in ein erfülltes Leben und zu einer glücklichen Partnerschaft setzen Sie Ihre Energien bewusst in Bewegung und formen Ihre Ausstrahlung Ihrem Wesen entsprechend in zwei Schritten: Zuerst formulieren Sie konkrete Wünsche, von deren Erfüllung Sie sich eine Erhöhung Ihrer Lebensqualität versprechen. Ob das dann auch wirklich der Fall sein wird, können Sie trotz gründlicher Vorarbeit erst wissen, wenn sich Ihre Wünsche erfüllt haben. Wirklich dramatisch ist diese vorläufige Unsicherheit jedoch nicht, denn Sie können sich ja immer wieder neu entscheiden und andere Wünsche wahr werden lassen, solange Sie in der Ausrichtung Ihrer geistigen Energien weiterhin konsequent bleiben. Fangen Sie am besten mit kleinen, konkreten Wünschen an und verbinden Sie diese über intensive Phantasien mit viel Gefühl. Passend dazu unternehmen Sie dann auch im Außen geeignete Schritte zur weiteren Stärkung Ihrer Gefühle und wählen bewusst die dazu passenden äußeren Umstände und Randenergien. Dann beobachten Sie, was passiert, in Ihnen selbst und in Ihrem Leben.

Bald werden sich die ersten konkreten Erfolge zeigen, und die Situationen, in die Sie geraten, werden immer angenehmer werden. Die Menschen, die Sie treffen, werden liebevoller sein und auch Ihre Partnerschaft wird beginnen Sie zu berühren. Jetzt werden sich auch noch die letzten Reste Ihres Opferbewusstseins und die damit verbundenen Ängste und Zweifel auflösen, und Sie werden die Neugestaltung Ihres Lebens immer spielerischer und vertrauensvoller in Angriff nehmen können. Mühelos werden Sie in beliebig viele neue Rollen schlüpfen und aus alten aussteigen können, weil Sie nun wissen, dass Sie mehr sind als die Rollen, die Sie spielen.

Die Erfahrung, dass Sie aus eigener Kraft, nur durch Klärung und bewusste Ausrichtung Ihrer geistigen Energien konkrete Wünsche in Erfüllung gehen lassen können, wird ein wichtiger Meilenstein auf dem Weg zu Ihrer Freiheit sein, denn damit erleben Sie in der Praxis, wozu Sie in der Lage sind, wenn Sie die Kontrolle über Ihre geistigen Energien übernehmen. So erfahren Sie auch, dass es kein Zufall ist, welche Menschen in Ihr Leben treten und welche Erfahrungen Sie mit diesen Menschen machen, denn was immer Ihnen begegnet, wird Ihnen nun als klarer Spiegel erscheinen, in dem Ihre Ausstrahlung erkennbar ist und all die konkreten Phantasien und Visionen, die Sie aufgebaut haben.

Doch schon bald werden Sie noch etwas anderes deutlich spüren, nämlich dass Sie auf diese Weise nur in Ihr Leben bringen können, was Sie sich konkret wünschen und vorstellen. Was immer Sie sich aufgrund Ihrer durch geschichtliche Erfahrung begrenzten Phantasie nicht oder noch nicht vorstellen können, können Sie so nicht in Ihr Leben bringen, selbst wenn es zum Ausdruck Ihres Wesens passen würde und eine gewaltige Steigerung Ihrer

Energie und Lebensqualität zur Folge hätte. Das Partnerbild etwa, das Sie als konkrete Wunschvision in sich tragen, entspricht höchstwahrscheinlich den Schlussfolgerungen aus Ihrer Vergangenheit und dem, was Sie sich zu diesem Zeitpunkt vorstellen können. Was aber, wenn ein ganz anderer Typ viel besser zu Ihnen passen würde, Sie aber kein konkretes Bild von ihm entwickeln können, weil Ihnen einfach ein entsprechendes Vorbild fehlt? Dann könnte so ein Partner nicht in Ihr Leben treten.

Daher geht es im zweiten Schritt nicht mehr um das Formulieren konkreter Wünsche und Phantasien, sondern nur noch darum, die passende Stimmung und das notwendige Energieniveau zu erzeugen, das Ihrem tieferen Selbst, Ihrem Wesen die Kraft gibt, all das in Ihr Leben zu ziehen, was Ihnen entspricht, Sie glücklich macht und erfüllt. Das können durchaus auch Begegnungen, Situationen oder äußere Umstände sein, die Sie sich aufgrund Ihrer bisherigen Lebenserfahrungen nicht einmal vorstellen können. Möglicherweise tritt ein Mensch in Ihr Leben, der ganz anders ist als alle Personen, die Sie bislang kennen gelernt haben, und vielleicht auch ganz anders aussieht, als Sie es sich bewusst hätten ausdenken können.

Die Erfahrung, dass wir konkrete Wünsche über konkrete Phantasien in Erfüllung gehen lassen können, macht natürlich Freude, gibt uns Energie und nimmt uns die Angst. Aber erst die Erfahrung, dass wir sogar das Unvorstellbare in unser Leben ziehen können, macht uns wirklich frei, nicht nur äußerlich, sondern auch im Ausdruck unseres Wesens.

Doch beginnen wir mit dem ersten Schritt. Die folgende Übung soll Ihnen bei der Erfüllung eines konkreten Wunsches helfen.

Bevor Sie einen konkreten Wunsch formulieren, stellen Sie sich Fragen wie diese: Passt das, was ich mir wünsche, zu mir? Wie wird es mein Leben verändern? Gibt es mir Energie? In welche Stimmung werde ich dadurch kommen? Dann entwerfen Sie konkrete Phantasien, in denen Sie Ihren Wunsch als erfüllt erleben. Spüren Sie, wie der in Erfüllung gegangene Wunsch auf Sie wirkt, und zwar mit ganz viel Gefühl. Ihre Gefühle sind dabei das Wichtigste, denn sie prägen Ihre Ausstrahlung und laden Ihre Phantasien und Visionen mit dynamischer Kraft auf. Am einfachsten gelingt Ihnen das, wenn Sie bei Ihren Phantasieübungen tief entspannt sind oder sich an der Grenze zum Schlaf befinden. In solchen Zuständen ist unser Wachbewusstsein mit seinen gewohnten kritischen Betrachtungsweisen und Erwartungen kaum noch aktiv und verhält sich gegenüber neuen Visionen und Gefühlen weniger ablehnend oder skeptisch. Je tiefer der Entspannungszustand ist, desto kraftvoller ist die folgende Prägung Ihrer Ausstrahlung.

Für den Anfang sollten Sie diese Phantasieübung mit einem bestimmten Ziel mindestens drei Wochen lang täglich (keinen Tag auslassen!) machen, damit die Erstprägung Ihrer Ausstrahlung stark genug ist, sich gegen alte Prägungen durchzusetzen, die vielleicht weniger erfolgreich waren. Mit jedem Übungstag nimmt die Prägung Ihrer Ausstrahlung zu, was sich sofort in Ihrem Leben auswirkt.

Machen Sie diese Übung möglichst abends und nehmen Sie die Energien und Phantasien mit in Ihre Träume. Morgens vor dem Aufstehen sollten Sie sich dann nochmals kurz daran erinnern, damit Sie Ihr neues Ziel im Alltagstrubel nicht mehr aus den Augen verlieren.

Während Sie Ihre Wunschenergien kontinuierlich aufbauen, sollten Sie der Versuchung widerstehen, ständig zu kontrollieren, ob sich die Erfüllung Ihrer Wünsche bereits anbahnt. Habe ich meinen Wunschpartner schon getroffen? Ist er schon unterwegs? Solche Fragen sind nicht nur überflüssig, sie säen auch Zweifel und rauben Energie. Vertrauen Sie einfach darauf, dass Ihre Wünsche in Erfüllung gehen, wenn genügend Energie dafür aufgebaut ist. Am besten lassen Sie den einmal formulierten Wunschgedanken einfach los und versuchen außerhalb der Wunschmeditation nicht mehr daran zu denken. Eine starke Ausstrahlung, die Ihr Leben neu formen kann, erfordert viel Energie. Daher sollten Sie in jedem Lebensbereich nach mehr Freude und Lebensqualität streben und nicht nur an eine neue oder bessere Partnerschaft denken.

Meditation – Entfalte deine Bestimmung

Atme langsam tief ein und aus und schließe die Augen.
Atme weiter tief ein und aus, und während du langsam weiteratmest, lass immer mehr los, lass dich treiben.
Der Körper darf jetzt schlafen gehen, deine Gedanken und deine Wahrnehmung werden wach bleiben.
Die Muskeln und Nerven in deinem Unterkiefer entspannen sich, lassen los.
Deine Stirn entspannt sich ... die Muskeln und Nerven in deiner Stirn entspannen sich, lassen los.
Deine Wangen entspannen sich ... die Muskeln und Nerven in deinen Wangen entspannen sich, lassen los.
Deine Augen entspannen sich ... die Muskeln und Nerven in beiden Augen entspannen sich, lassen los. Deine Augen werden klar und entspannt.

Die Kopfhaut entspannt sich ... die Muskeln und Nerven der Kopfhaut entspannen sich, lassen los.
Die Entspannung sinkt tief hinein in den Kopf, tief hinein in die Mitte des Kopfes. Der Kopf wird klar, frei und leicht, ganz entspannt.
Die Entspannung sinkt hinein in den Hals, den Nacken, die Schultern, hinein in die Arme und die Hände. Alle Muskeln und Nerven dort entspannen sich, lassen los.
Die Entspannung fließt hinein in die Hüften, die Beine und die Füße. Alle Muskeln und Nerven dort entspannen sich, lassen los.
Die Entspannung fließt hinein in den Rücken, in die Wirbelsäule. Alle Muskeln und Nerven dort entspannen sich, lassen los.
In diesem Zustand lösen sich deine Gedanken und Gefühle vom Körper. Dein Bewusstsein wird frei und geht eigene Wege. Und dein Körper kann sich jetzt tief entspannen und heilen.

Jetzt sage leise in Gedanken zu dir selbst und empfinde, wenn du möchtest: »Ich weiß tief in meinem Innern: Meine Gedanken, meine Gefühle, meine inneren Bilder bestimmen mein Leben, meinen Körper und meine persönliche Lebenserfahrung. Ich möchte deshalb lernen, sie so bewusst zu gestalten, wie ich es möchte und wie es gut für mich ist.«

Jetzt ist es an der Zeit, für die Dauer dieser Übung alle Gedanken und Gefühle, die dich beschäftigen, loszulassen. Lass sie einfach wegtreiben und werde still.
Du erreichst einen Zustand tiefer Entspannung. Deine Gedanken und Gefühle sind still und klar und haben große schöpferische Kraft. Die Ebenen deines Bewusstseins liegen frei zugänglich vor dir und können genutzt werden.
In dieser Übung kannst du deine Gefühle als schöpferische Energien kraftvoll konzentrieren und für jeden Bereich deines Leben so gestalten, dass sie die Wirklichkeit anziehen werden,

die du möchtest, die zu dir passt und die für deinen Lebensweg sinnvoll ist.

Gestalte nun deine Gefühle im zwischenmenschlichen Bereich. Frage dich: »Welche Freunde und Bekannte möchte ich haben? Welche Gefühle sollen sie mir geben? Wie möchte ich mich fühlen, wenn sie da sind? Wie möchte ich mich fühlen, wenn sie weit weg sind von mir?
Wie möchte ich mich im Austausch fühlen, im Gespräch, bei gemeinsamen Unternehmungen?
Welche Gefühle sollen meine Freunde und Bekannte haben, wenn sie mich erleben, wenn sie sich mit mir austauschen, wenn wir gemeinsame Unternehmungen machen? Wie sollen sie sich in meiner Gegenwart fühlen?«
Ruh dich aus und lass dich treiben.

Jetzt denke an deine Partnerschaft und frage dich: »Welche Partnerschaft möchte ich haben? Wie möchte ich mich fühlen, wenn mein Partner in der Nähe ist, wenn ich mich mit ihm austausche? Was soll die Partnerschaft für mein Leben bedeuten?
Welche Gefühle möchte ich haben, wenn mein Partner ganz nah bei mir ist und wir uns körperlich austauschen oder Sexualität miteinander erleben?
Welche Gefühle möchte ich haben, wenn ich gemeinsam mit meinem Partner Situationen erlebe, die mir wirklich wichtig sind?
Welche Gefühle soll mein Partner haben, wenn er bei mir ist und sich mit mir austauscht oder auch, wenn er weit weg ist und an mich denkt? Welche Gefühle sollen ihn bewegen?«
Ruh dich aus und lass dich treiben.

Jetzt denke an deinen Beruf und frage dich: »Welche Gefühle möchte ich haben, wenn ich ihn ausübe? Welche Gefühle

möchte ich haben, wenn ich mit anderen Menschen über meinen Beruf spreche? Welche Gefühle möchte ich haben, wenn ich daran denke, dass ich diesen Beruf vielleicht noch viele Jahre ausüben werde?
Welche Gefühle sollen andere Menschen haben, wenn sie an mich und meinen Beruf denken, über ihn sprechen und wissen, dass ich ihn noch viele Jahre ausüben werde?«
Ruh dich aus und lass dich treiben.

Jetzt denke an deinen Körper und frage dich: »Wie möchte ich mich in meinem Körper zum Ausdruck bringen? Wie möchte ich mich fühlen, wenn ich mich in meinem Körper bewege, wenn ich ihn im Spiegel betrachte, wenn ich ihn kleide?
Wie möchte ich mich fühlen, wenn andere Menschen mich beobachten, meinen Körper, meine Bewegungen, meinen Ausdruck? Was soll mein Körper für mich und meine Gefühle sein? Was sollen andere Menschen fühlen, wenn sie mich in meinem Körper sehen, wie ich mich in ihm ausdrücke, wie ich ihn kleide, wie ich ihn behandle?«
Ruh dich aus und lass dich treiben.

Jetzt denke an deinen Wohnbereich und frage dich: »Wie möchte ich mich fühlen, morgens, wenn ich den Tag beginne? Und abends, wenn ich den Tag beende? Wie soll mein Wohnbereich für mich und meine Gefühle sein? Wie möchte ich mich in ihm fühlen, wenn ich Besuch habe, Einladungen gebe? Was sollen andere Menschen empfinden, wenn sie an mich in meinem Wohnbereich denken, wenn sie mich in ihm erleben und wissen, dass ich dort noch einige Zeit bleibe?«
Entspanne dich und lass dich treiben.

Jetzt entscheide dich: Welches Grundgefühl möchtest du haben in diesem Leben – morgens, wenn du aufwachst, über den

Tag hinweg und abends, wenn du schlafen gehst? Welches Grundgefühl und welche Gefühle sollen dich begleiten? Diese Gefühle werden eine Entsprechung im Außen suchen, in deinem Umfeld, deiner Partnerschaft und in deiner persönlichen Lebenserfahrung.

Jetzt ist es Zeit zurückzukehren in den normalen wachbewussten Zustand. Komm mehr und mehr zurück in die Wachheit und beginne langsam, dein Umfeld wieder wahrzunehmen, deine Gedanken und Gefühle.
Du bist nun wieder wach und frisch und dein Körper fühlt sich ausgeruht und erholt an.
Öffne die Augen.

Ich sagte es bereits: Konkrete Wünsche bringen konkrete Dinge in unser Leben, aber sie verhindern in der Regel, dass über die klar formulierten Bilder hinaus etwas angezogen wird, das vielleicht noch besser zu unseren Sehnsüchten passt als das, was wir uns vorgestellt haben. Die Erfüllung konkreter Wünsche verbessert in gewisser Weise nur unsere persönliche Vergangenheit, bringt uns aber nicht grundsätzlich mit unseren größeren Möglichkeiten in Kontakt, also mit dem, was wir uns bis dahin nicht oder nur schwer vorstellen konnten.

Doch wenn Sie die Gefühle, die Sie ersehnen, und die damit zusammenhängenden Erfahrungen immer weiter reduzieren, bis Sie bei einer Grundstimmung angekommen sind, mit der Sie sich wohl fühlen, und wenn Sie diese Grundstimmung nicht einmal mehr an konkreten Dingen oder Umständen festmachen müssen, werden Sie mehr und mehr Unerwartetes und Spannendes in Ihr Leben ziehen. Dazu gehört natürlich auch ein Partner, der ganz neue Seiten in Ihnen weckt …

Diese unkonkrete, aber aus meiner Sicht vollkommenste Form des Wünschens, erfordert tägliche Übung und viel Konsequenz. Am wirksamsten ist es, wenn Sie sich bewusst abends vor dem Einschlafen und morgens nach dem Aufwachen in Ihre ersehnte Grundstimmung gleiten lassen und sie durch eine bewusste Auswahl des Umfeldes und der Randenergien auch tagsüber pflegen, stabilisieren und rein halten. Beobachten Sie genau, was Ihre Grundstimmung bedroht und was sie fördert. Verstärken Sie die förderlichen Aspekte und reduzieren oder vermeiden Sie alles, was Sie aus Ihrer Stimmung herausreißt, möglichst konsequent. Wenn Ihre Stimmung von heute Ihre Zukunft von morgen ist, gibt es keinen Grund zuzulassen, dass Ihre Stimmung negativ beeinflusst wird. Weder dürfen Sie sich selbst in unwesentlichen, Ihrer Grundstimmung nicht förderlichen Aktivitäten verlieren, noch dürfen Sie sich von außen kontrollieren lassen.

Damit Ihre Grundstimmung die notwendige Energie bekommt, sollten Sie sie unbedingt mit in den Schlaf nehmen, damit sie Ihre Träume aktivieren und zusätzlich Ihre Ausstrahlung entsprechend prägen kann. Denken Sie beim Einschlafen über nichts nach, was dieser Stimmung widerspricht. Zur Unterstützung Ihrer abendlichen Einstimmung schlage ich die folgende Abendmeditation vor.

Meditation – Die Energie der Wünsche

In dieser Übung kannst du leicht und einfach in die Welt deiner Träume gleiten. Alles ist dort möglich!

In deinen Träumen hast du keine Vergangenheit und keine festgefügte Zukunft. Du bist völlig frei und kannst in der Gegenwart beliebig träumen.

Deine Träume haben viel Kraft. Sie wirken auf deine Gefühle, deine Gedanken, deinen Körper. Sie prägen deine Ausstrahlung und dein Leben.
In dieser Übung lernst du, deine Träume zu gestalten, zu wiederholen und kraftvoller zu machen.
Lass deine Wünsche deine Träume bestimmen. Gib deinen Wünschen durch deine Träume Kraft. Lass deine Wünsche durch die Energie deiner Träume wahr werden.
Erträume dir deine Gesundheit, deine Partnerschaft, dein Zuhause, deinen Erfolg und alles, wonach du dich sehnst.
Im Traum ist alles möglich, und deine Träume prägen dich und dein Leben.
Ob du dich später an deine Träume erinnern kannst, ist nicht wichtig.
Ich werde dir jetzt helfen, sanft in die Welt deiner Träume zu gleiten. Nimm deine Sehnsüchte und Wünsche dorthin mit und lass sie über die Kraft deiner Träume in dir und in deinem Leben wahr werden. Entspanne dich jetzt und lass los.

Ich beginne jetzt zu zählen, von eins bis zehn. Lass deinen Körper mit jeder Zahl etwas mehr los. Lass zu, dass er sich entspannt. Bei zehn kann dein Körper schlafen gehen, aber deine Gedanken und deine Wahrnehmung bleiben wach.

Eins: Dein Unterkiefer entspannt sich. Die Muskeln und Nerven in deinem Unterkiefer entspannen sich, lassen los.
Zwei: Deine Stirn entspannt sich. Die Muskeln und Nerven in deiner Stirn entspannen sich, lassen los.
Drei: Deine Lippen entspannen sich. Die Muskeln und Nerven in deinen Lippen entspannen sich, lassen los.
Vier: Deine Wangen entspannen sich. Die Muskeln und Nerven in beiden Wangen entspannen sich, lassen los.

Fünf: Deine Augen entspannen sich. Die Muskeln und Nerven in beiden Augen entspannen sich und lassen los. Die Augen sind klar und entspannt.
Sechs: Deine Kopfhaut entspannt sich. Die Muskeln und Nerven der Kopfhaut entspannen sich, lassen los.
Sieben: Die Entspannung sinkt tief hinein in den Kopf, tief hinein in die Mitte des Kopfes. Der Kopf wird klar, klar, frei und leicht, ganz entspannt.
Acht: Die Entspannung sinkt in den Hals, in den Nacken, in die Schultern, in die Arme, in die Hände. Alle Muskeln und Nerven dort entspannen sich, lassen los.
Neun: Die Entspannung fließt in die Hüften, in die Beine, in die Füße. Alle Muskeln und Nerven dort entspannen sich, lassen los.
Zehn: Die Entspannung fließt in den Rücken, in die Wirbelsäule. Alle Muskeln und Nerven dort entspannen sich, lassen los. Der Rücken wird weich, weich und entspannt.
Der ganze Körper geht jetzt schlafen. Der ganze Körper geht schlafen.

Jetzt ist es an der Zeit, alle Gedanken und Gefühle, die dich beschäftigen, für die Dauer dieser Übung loszulassen. Lass sie treiben, während ich weiterzähle, von zehn auf zwanzig. Mit jeder Zahl lass dich treiben, lass deine Gedanken und Gefühle treiben, entspanne, lass los. – Bei zwanzig hast du einen Zustand tiefer Entspannung erreicht. Hier liegt der See deines Unbewussten, der Ort deiner inneren Kraft, frei und zugänglich. Ich beginne jetzt zu zählen. Lass dich treiben.

Elf.
Zwölf: Geh tiefer und tiefer in Entspannung, lass los. Lass deine Gedanken und Gefühle wegtreiben, weg von dir, lass sie los.

Dreizehn.
Vierzehn: tiefer und tiefer in Entspannung.
Fünfzehn.
Sechzehn.
Siebzehn.
Achtzehn: tiefer und tiefer in Entspannung.
Neunzehn.
Zwanzig, zwanzig.
Du hast jetzt den Zustand zwanzig erreicht, den Zustand tiefer Entspannung. Lass los und genieße diesen Zustand vollkommener Entspannung, den Zustand zwanzig.
Im Zustand zwanzig liegt der See deines Unterbewusstseins frei vor dir. Er ist die Quelle deiner unterbewussten Energie, der Ort deiner inneren Kraft.
All deine Gefühle, all deine Gedanken und all deine körperlichen Energien werden gelenkt und gesteuert in diesem See. Was immer du an Gedanken, Gefühlen und Bildern in diesen See hineinfließen lässt, tief auf seinen Grund, wird fest dort verankert und wirkt auf dich und dein Leben.
Ich werde jetzt weiterzählen, von zwanzig bis fünfundzwanzig. Lass dich mit jeder Zahl noch weiter treiben, hinein in den natürlichen, tiefen Schlaf, hinein in deine Traumwelt. Empfinde jetzt die Gefühle, die Gedanken und die Wünsche, von denen du träumen möchtest. Gestalte dazu Bilder und Phantasien und lass dich in tiefen Schlaf treiben, hinein in deine Traumwelt, leicht und natürlich. Deine Gefühle und Gedanken, deine Bilder und Phantasien werden zu Träumen, die dich und dein Leben prägen. Lass dich treiben.

Einundzwanzig.
Zweiundzwanzig: Lass dich treiben, mehr und mehr.
Dreiundzwanzig.
Vierundzwanzig.

Fünfundzwanzig, fünfundzwanzig: Lass dich treiben mit deinen Gefühlen und Gedanken, mit deinen Bildern und Phantasien hinein in deine Traumwelt, hinein in tiefen, natürlichen, erholsamen Schlaf. In dieser Nacht wirst du von deinen Wünschen träumen, von dem, was für dich wichtig ist:
Vielleicht von der Zukunft, die du erleben möchtest, von Personen, Ereignissen, Umständen oder Dingen, die du dir wünschst.
Vielleicht von deinem Körper, der sich verändern, heil werden oder den Zustand erlangen soll, in dem du dich wohl fühlst.
Vielleicht von Antworten auf Fragen, die dich beschäftigen, oder von Lösungen zu Problemen, die du hast.
Vielleicht auch von ganz neuen Aspekten deines Lebens, die du dir bis jetzt noch nicht einmal vorstellen kannst, die aber zu dir und zu deiner Bestimmung passen und deine geheimsten Wünsche in Erfüllung gehen lassen.
Deine Träume geben deinen Gefühlen, Gedanken und Wünschen Energie und helfen dir, sie wahr werden zu lassen.
Lass dich jetzt in deine Traumwelt treiben. Während du schläfst und träumst, wird sich dein Körper ausruhen und erholen. Und morgen, wenn du aufwachst, wirst du dich erfrischt und erholt fühlen, voller Energie und Motivation und mit der Gewissheit, dass du in der Nacht Wunschenergien aufgebaut hast, die deine Wünsche wahr werden lassen.

Lass dich jetzt in tiefen, natürlichen Schlaf treiben, hinein in deine Traumwelt.

Du schläfst tief und fest, tief und fest. Alles ist gut. Lass dich treiben und träume von deinen Wünschen und Sehnsüchten. Träume, alles ist gut.

Du schläfst tief und fest. Lass deine Träume für dich wirken, sie geben deinen Wünschen Energie und lassen sie wahr werden. Hab Vertrauen, alles ist gut.
Du schläfst tief und fest, tief und fest. Alles ist gut. Lass dich treiben und träume von deinen Wünschen und Sehnsüchten. Träume, alles ist gut.
Du schläfst tief und fest. Lass deine Träume für dich wirken, sie geben deinen Wünschen Energie und lassen sie wahr werden. Hab Vertrauen, alles ist gut.

Morgen, wenn du aufwachst, wirst du dich erfrischt und erholt fühlen. Voller Zuversicht, dass sich deine Wünsche erfüllen werden.
Schlafe tief und fest, bis zum nächsten Morgen. Ich verabschiede mich und lasse dich jetzt allein mit deinen Träumen. Schlaf gut.

Schritt 10
Den Wunschpartner anziehen

Der Mensch ist ein energetisches Wesen. Alles, was wir sind und tun, braucht Energie. Wir brauchen Energie, um gesund zu bleiben. Wir brauchen Energie, um aus Ideen kraftvolle Visionen zu machen, die sich in unserem Leben verwirklichen. Wir brauchen Energie, um andere Menschen anziehen zu können. Wir brauchen Energie, um kreativ und wach zu sein.

Was uns im Herzen berührt und uns freut, gibt uns Energie. Und genau diese Energie brauchen wir, um unsere Bestimmung zu erfüllen. So gesehen ist es von großer Bedeutung, dass wir unser Leben mit Menschen teilen, die uns helfen, unser Wesen zu spüren und den Weg des Herzens zu gehen. Bezogen auf die Partnerschaft bedeutet dies: *Mit einem Partner sollte ich genießen können, was mich freut. Er sollte mein Wesen spüren, mich inspirieren und mir Ideen geben, wie ich meine Bestimmung spüren und finden kann. Er sollte mir die Freiheit geben zu sein wie ich möchte. Nur mit einem solchen Partner kann und will ich meine Gefühle und Visionen teilen.*

Bevor Sie mit der folgenden Meditation beginnen, brauchen Sie sich nicht darüber im Klaren zu sein, wie Ihr Wunschpartner im Detail sein oder aussehen sollte, wohl aber darüber, was er durch seine Anwesenheit, seine Ausstrahlung und sein Tun für Sie bewirken soll. Fragen Sie sich zum Beispiel: Wie will ich mich fühlen, wenn der Partner da ist? Bei welchen Aktivitäten sollte er mich begleiten und mir Rückenwind geben? Auf welche Weise sollte er mich inspirieren? Wie könnte er es mir leichter machen, mich selbst zu spüren? Welche Art von Mensch wünsche ich mir als Vater/Mutter für meine Kinder? Welches Weltbild sollte sie/er mir vermitteln?

Fragen Sie nach allem, was Ihnen wichtig ist, und fühlen Sie die Antworten. Wie würden Sie sich fühlen, wenn so ein Mensch da wäre? Erst wenn Sie all dies für sich geklärt haben, entwickeln Sie Phantasien und vor allem Gefühle, die Sie unbedingt in der Partnerschaft, aber natürlich auch in Ihrem Leben haben möchten.

Vielleicht träumen Sie Ihren jetzigen Partner herbei, der sich im Traum plötzlich ganz anders verhält als sonst, mehr Ihren Gefühlen und Wünschen entsprechend. Was ist neu an seinem Verhalten und an der Stimmung, die er verbreitet? Entwickelt er im Traum Fähigkeiten, die Sie an ihm noch nicht kennen, oder intensiviert er alte? Wenn sich Ihr jetziger Partner im Traum genauso verhält wie immer und Ihnen gar nicht gut tut, können Sie daraus schließen, dass er für Ihren Lebenstraum leider doch nicht geeignet ist und Sie sich vielleicht nach einem neuen Traumpartner umschauen müssen. Verhält er sich jedoch so, wie Sie es sich immer gewünscht haben, dann werden diese neuen Energien allmählich auch in sein wachbewusstes Ich fließen und ihm und Ihrer Beziehung helfen sich zu wandeln. Unsere Träume wirken nicht nur auf uns, sondern auch auf unsere Ausstrahlung und damit auf unser Umfeld.

Wenn Sie keinen Partner haben, werden Ihre Phantasien und Gefühle eine neue Person in Ihre Träume ziehen, mit der sich Ihre Sehnsüchte allmählich entwickeln können. Die Traumenergien, die Sie dabei anziehen, sind sehr kraftvoll, prägen Ihre Ausstrahlung entsprechend und helfen Ihnen so, den Wunschpartner anzuziehen, der zu Ihren Gefühlen und Sehnsüchten passt. Wenn der neue Partner in Ihr Leben tritt, kann es gut sein, dass er genauso aussieht wie der Wunschpartner, den Sie in Ihren Träumen gesehen haben. Aber vielleicht ist er auch überraschend anders und hat trotzdem alle Möglichkeiten, Sie glücklich zu machen und eine Partnerschaft erleben zu lassen, die Ihrem Wesen entspricht und Sie auf dem Weg zu Ihrer Bestimmung voranbringt.

Meditation – Den Wunschpartner herbeiträumen

Diese Übung hilft dir, den Partner zu erträumen, der körperlich, geistig und seelisch zu dir passt. Du wirst seine Gefühle spüren, seine Persönlichkeit erleben und mit ihm träumen. Diese Traumbilder und Energien können deinen Wunschpartner in dein Leben ziehen und dir helfen, ihn auch zu erkennen. Du kannst aber auch einfach von dem Menschen träumen, den du liebst.

Ich beginne jetzt zu zählen, von eins bis zehn. Lass deinen Körper mit jeder Zahl etwas mehr los. Lass zu, dass er sich völlig entspannt. Bei zehn kann dein Körper schlafen gehen, aber deine Gedanken und deine Wahrnehmung bleiben die ganze Zeit wach.

Eins: Dein Unterkiefer entspannt sich. Die Muskeln und Nerven in deinem Unterkiefer entspannen sich, lassen los.

Zwei: Deine Stirn entspannt sich. Die Muskeln und Nerven in deiner Stirn entspannen sich, lassen los.

Drei: Deine Lippen entspannen sich. Die Muskeln und Nerven in deinen Lippen entspannen sich, lassen los.

Vier: Deine Wangen entspannen sich. Die Muskeln und Nerven in beiden Wangen entspannen sich, lassen los.

Fünf: Deine Augen entspannen sich. Die Muskeln und Nerven in beiden Augen entspannen sich und lassen los. Die Augen sind klar und entspannt.

Sechs: Deine Kopfhaut entspannt sich. Die Muskeln und Nerven der Kopfhaut entspannen sich, lassen los.

Sieben: Die Entspannung sinkt tief hinein in den Kopf, tief hinein in die Mitte des Kopfes. Der Kopf wird klar, frei und leicht, ganz entspannt.

Acht: Die Entspannung sinkt in den Hals, in den Nacken, in die Schultern, in die Arme, in die Hände. Alle Muskeln und Nerven dort entspannen sich, lassen los.

Neun: Die Entspannung fließt in die Hüften, in die Beine, in die Füße. Alle Muskeln und Nerven dort entspannen sich, lassen los.

Zehn: Die Entspannung fließt in den Rücken, in die Wirbelsäule. Alle Muskeln und Nerven dort entspannen sich, lassen los. Der Rücken wird weich, weich und entspannt.

Der ganze Körper geht jetzt schlafen. Der ganze Körper geht schlafen.

Jetzt ist es an der Zeit, alle Gedanken und Gefühle, die dich beschäftigen, für die Dauer dieser Übung loszulassen. Lass sie treiben, während ich weiterzähle, von zehn auf zwanzig. Mit jeder Zahl lass dich treiben, lass deine Gedanken und Gefühle treiben, entspanne, lass los. – Bei zwanzig hast du einen Zustand tiefer Entspannung erreicht. Hier liegt der See deines Unbewussten, der Ort deiner inneren Kraft, frei und zugänglich. Ich beginne jetzt zu zählen. Lass dich treiben.

Elf.
Zwölf: Geh tiefer und tiefer in Entspannung. Lass los. Lass deine Gedanken und Gefühle wegtreiben, weg von dir, lass sie los.
Dreizehn.
Vierzehn: tiefer und tiefer in die Entspannung.
Fünfzehn.
Sechzehn.
Siebzehn.
Achtzehn: tiefer und tiefer in die Entspannung.
Neunzehn.
Zwanzig, zwanzig.
Du hast jetzt den Zustand zwanzig erreicht, den Zustand tiefer Entspannung. Alle Energien, Ideen, Bilder und Gefühle, die du in diesem Zustand zwanzig in den See deines Unterbewusstseins eintauchen lässt, werden dort verankert und wirken für dich. Sie prägen deine Gedanken und Gefühle, deine Persönlichkeit und dein Verhalten, strahlen weit über deine Körpergrenzen hinaus und ziehen die Energien aus deinem Umfeld an, die zu dir passen. Ruhe dich aus in diesem Zustand zwanzig und erinnere dich an das Ziel dieser Übung: deinen Wunschpartner in deine Träume einzuladen.

Ich werde jetzt weiterzählen, von zwanzig bis fünfundzwanzig. Mit jeder Zahl kannst du noch mehr loslassen und dich in

tiefe Entspannung, in den Schlaf hineintreiben lassen. Bei fünfundzwanzig wirst du tief entspannt sein oder schon schlafen. Jetzt lasse dich treiben.
Einundzwanzig.
Zweiundzwanzig: Lass dich treiben, mehr und mehr.
Dreiundzwanzig.
Vierundzwanzig.
Fünfundzwanzig, fünfundzwanzig.
Du bist jetzt tief entspannt. Lass dich treiben, hinein in den ruhigen, erholsamen Schlaf, hinein in deine Traumwelt.

Du bist ruhig. Lass dich treiben, hinein in den tiefen Schlaf. Heute Nacht, wenn du schläfst, träumst du von dem Menschen, mit dem du dein Leben teilen möchtest, mit dem du dich austauschen möchtest, dem du nah sein möchtest.
Schlafe, lasse dich treiben.

Heute Nacht, wenn du schläfst, träumst du von dem Menschen, mit dem du dein Leben teilen möchtest, mit dem du dich austauschen möchtest, dem du nah sein möchtest.
Träume von dem Menschen, mit dem du dein Leben teilen möchtest, dem du nah sein möchtest, mit dem du dich austauschen möchtest.
Welche Gefühle weckt er in dir? ... Was erlebt ihr zusammen? ... Wie ist er? Was tut er? Welche Eigenheiten hat er? ...

Träume von dem Menschen, mit dem du dein Leben teilen möchtest, dem du nah sein möchtest, mit dem du dich austauschen möchtest.
Wie wirkt er auf dich? ... Was liebt er an dir? ... Was ist das Schöne an eurer Beziehung? ... Wie verhält er sich dir gegenüber? ...

Dein Wunschpartner ... Wo findest du diesen Menschen? ... Wer ist es? Was liebst du an diesem Menschen? ... Wie fühlst du dich bei ihm? ... Träume von deinem Wunschpartner ... von deinen Gefühlen für diesen Menschen.

Dein Wunschpartner ... Wo findest du diesen Menschen? ... Wer ist es? Was liebst du an diesem Menschen? ... Wie fühlst du dich bei ihm? ... Träume von deinem Wunschpartner ... von deinen Gefühlen für diesen Menschen.

Beim Aufwachen wirst du dich an deinen Wunschpartner erinnern. Deine Gefühle werden lebendig und deutlich sein, und du wirst ihn ganz offen anziehen und erkennen.

Beim Aufwachen wirst du dich an deinen Wunschpartner erinnern. Deine Gefühle werden lebendig und deutlich sein, und du wirst ihn ganz offen anziehen und erkennen.

Träume, träume von deinem Wunschpartner. Du schläfst, tief und fest, alles ist gut. Lass dich treiben, in deine Träume hinein, mit deinem Wunschpartner.

Träume, träume von deinem Wunschpartner. Du schläfst, tief und fest, alles ist gut. Lass dich treiben, in deine Träume hinein, mit deinem Wunschpartner.

Deine Träume wirken für dich. Sie werden deinen Wunschpartner zu dir ziehen.

Deine Träume wirken für dich. Sie werden deinen Wunschpartner zu dir ziehen.

Schlafe tief und fest und träume.

Die Meditationen auf dieser CD bieten Ihnen die beste Unterstützung auf Ihrem Weg zu einer erfüllten und liebevollen Partnerschaft.

Harald Wessbecher
Die Energie der Liebe

Meditationen zur Selbstentfaltung durch Partnerschaft
1 CD – Laufzeit: 80 Minuten
Integral-Verlag, München
ISBN 3-7787-9170-2

Die Energie der Liebe

Meditationen zur Selbstentfaltung durch Partnerschaft

CD zu diesem Buch

Die intensive Ausrichtung und Energetisierung Ihrer unbewussten Kräfte ist eine wirksame Hilfe auf dem Weg zu einer erfüllten und liebevollen Partnerschaft. Es ist Ihre Ausstrahlung, die darüber entscheidet, welche Menschen Sie anziehen und wie diese sich Ihnen gegenüber verhalten. Um eine Veränderung Ihrer Ausstrahlung entsprechend Ihrer Sehnsüchte zu bewirken reicht eine reine Willensentscheidung nicht aus. Vielmehr müssen Sie Ihre Ausstrahlung durch die Kraft Ihres Unterbewusstseins von Grund auf neu prägen.

Weil die Meditationen »Das Herz öffnen« und »Die Sexualität befreien« zu den wichtigsten in diesem Buch gehören, habe ich sie auf CD aufnehmen und mit meiner besonderen Klangtechnik versehen lassen. Sie führt Sie an die Grenze zum Schlaf und lässt die Inhalte der Meditationen tief in Ihr Unterbewusstsein sinken, wo sie intensiv wirken und Ihre Ausstrahlung entsprechend prägen können.

Das Tor zum Unterbewusstsein zu öffnen, um neue Ideen einfließen zu lassen, Erinnerungen zu aktivieren oder Heilkräfte freizusetzen, ist eine uralte und sehr wirksame Methode, die in vielen früheren Kulturen bekannt war und noch heute von den Schamanen vieler Naturvölker eingesetzt wird. Zum Öffnen des Tores wurden und werden die unterschiedlichsten Mittel eingesetzt. Meine Klangtechnik ist eines davon – leicht, sanft und extrem gut geeignet, um in kurzer Zeit deutliche Erfolge zu erzielen. Sie brauchen lediglich ein Abspielgerät mit Stereo-Kopfhörern.

Um eine intensive Prägung Ihrer Ausstrahlung beziehungsweise Ihres Unterbewusstseins zu erreichen, sollten Sie die CD zunächst drei Wochen lang jeden Tag, am besten abends vor dem Einschlafen oder morgens direkt nach dem Aufwachen hören, wenn der Kontakt zu Ihrem Unterbewusstsein noch sehr intensiv ist.

Die Meditation *Das Herz öffnen* hilft Ihnen, andere Menschen besser zu verstehen und bereitet Sie darauf vor, den ersehnten Partner in Ihr Leben zu ziehen und ihn auch dort zu halten.

Die Meditation *Die Sexualität befreien* hilft Ihnen, Ihre sexuellen Energien zu entdecken und liebevoll leben. Sie werden mehr und mehr bereit, körperliche Liebe als natürlichen Ausdruck der Einheit zu erfahren.

Weitere Titel von Harald Wessbecher im Heyne-/Integral-Verlag

Die Energie des Geldes

Finanzielle Freiheit durch spirituelles Geldbewusstsein

Der Fluss des Geldes wird von klaren, dynamischen Gesetzen gelenkt, die weder mit Zufall noch mit günstigen Randbedingungen etwas zu tun haben. Ihr Ursprung liegt im Menschen selbst. Dieses Buch vermittelt praktische Übungen in leicht nachvollziehbaren Schritten, um Gefühle, Gedanken und innere Bilder auszubauen, die den dynamischen Prinzipien des Geldes folgen und seinen Fluss lenken können.

280 Seiten, Taschenbuch
Heyne-Verlag, München
ISBN 3-453-70004-X

Das dritte Auge öffnen

Eine neue Dimension der Wahrnehmung und Entfaltung mentaler Kräfte

Jeder hat die Fähigkeit, sich eine erweiterte Wahrnehmung anzueignen, die nicht durch die körperlichen Sinne vermittelt werden muss, sondern die direkt in unserem Bewusstsein stattfindet. Dieses Buch führt sie in neue eine Dimension der Wahrnehmung und zur Erweiterung ihrer psychischen Kräfte.
Durch Re-Sensibilisierung paranormaler Kräfte, die wir als Kinder besaßen, bis sie uns aberzogen wurden, schulen wir unsere Intuition, um Situationen, menschliche Verhaltensweisen und ganze Lebensläufe »lesen« zu lernen wie ein offenes Buch.

316 Seiten, Paperback, Integral-Verlag, München
ISBN 3-7787-9081-1

Entfalte Deine Bestimmung

Lebe so, wie es Dir entspricht und gefällt

Nicht nur Künstler und so genannte »große Menschen« haben eine persönliche Bestimmung, sondern wir alle. Lebensnah und ohne theoretischen Ballast zeigt dieses Buch auf, wie auch Sie Ihre ureigenen, wirklichen Lebensziele erkennen, den Ausstieg aus einer fremdbestimmten Lebensweise schaffen und damit Glück und Erfolg anziehen können.

416 Seiten, gebunden, Integral-Verlag, München
ISBN 3-7787-9113-3

Entfalte deine Bestimmung

Meditativ die Energie des Erfolgs freisetzen

Ihre Gefühle kommen in Fluss, gleichen sich aus und werden in einem Zustand tiefer körperlicher und geistiger Entspannung letztlich still. In diesem Zustand haben Sie freien Zugang zu Ihrem Unterbewusstsein und können dort gezielt und wirksam neue Inhalte und Energien verankern.

1 CD – Laufzeit: 45 Minuten
Integral-Verlag, München
ISBN 3-7787-9114-1

Die Energie der Wünsche

Wie Sie das Leben nach Ihrem freien Willen gestalten

Mit diesem Buch können Sie Ihr Leben rasch und wirksam ändern – indem Sie lernen, kraftvolle Wunschenergie zu bilden und zielgerichtet einzusetzen. Der Erfolg ist durch Ihre eigene Erfahrung überprüfbar. Nutzen Sie Ihre natürlichen Bewusstseinskräfte – und Sie werden gesünder, erfolgreicher und harmonischer leben können.

208 Seiten, gebunden, Integral-Verlag, München
ISBN 3-7787-9137-0

Die Energie der Wünsche

Meditationen zur Entfaltung der Bewusstseinskräfte

Lassen Sie Ihre Wünsche wahr werden, indem Sie die gestalterischen Kräfte Ihres Unterbewusstseins nutzen. Sie entwickeln beim Einschlafen lebendige Phantasien und nehmen diese mit in Ihre Träume, die Ihren Visionen zusätzliche Kraft verleihen und sie schneller Wirklichkeit werden lassen.

1 CD – Laufzeit: 41 Minuten
Integral-Verlag, München
ISBN 3-7787-9138-9

MCs und CDs von Harald Wessbecher im Selbstverlag

Die folgenden Kassetten und CDs enthalten alle in diesem Buch beschriebenen Meditationen. Sie sind mit der erwähnten Klangtechnik kombiniert, die unsere Gehirntätigkeit mit Hilfe von dreidimensionalen Rauschformen (DRF) und harmonisierenden Töne synchronisiert und uns in einen Zustand tiefer körperlicher und geistiger Entspannung gleiten lässt. In diesem Zustand können wir unsere unbewussten Fähigkeiten anzapfen und entwickeln.

Die Wirksamkeit dieser Technik wurde im Laufe von mehr als zwanzig Jahren von unzähligen Klienten und Seminarteilnehmern bestätigt. Aber auch objektive Gehirnmessungen (EEG) und Hautwiderstandsmessungen nach der chinesischen Akupunkturmethode (Mora-Methode) machen deutlich, wie leicht es uns fällt, in solche tiefen und gesunden Entspannungszustände zu gleiten, wenn wir entsprechende äußere Hilfestellung erhalten, beispielsweise durch die beschriebene Klangtechnik.

Für ein wirksames Hören ist der Stereoeffekt wesentlich. Deshalb sollten Sie die Übungen über Kopfhörer oder zumindest Stereo-Lautsprecher hören und sich mindestens 45 Minuten Zeit dafür nehmen. Planen Sie vorher und nachher noch etwas Zeit ein, in der Sie sich auf die Übungen einstellen beziehungsweise sie nachwirken lassen.

Befreiende Gefühle im Schlaf
Sie lernen, grundsätzliche Stimmungsmuster – Kerngefühle – aufzubauen, die Ihnen unabhängig von Ihrer derzeitigen Lebenssituation und individuellen Sehnsüchten mehr Kraft, Motivation und Vitalität geben, Sie vor Verwicklungen mit ungünstigen Energien bewahren und Sie frei machen, Ihr Potential zu leben.

Grundpersönlichkeit
Sie lernen, sich von Ihrem geschichtlichen Ich zu lösen und Ihr Wesen, Ihre Kernpersönlichkeit mit ihren Sehnsüchten, Fähigkeiten und Möglichkeiten wieder wahrzunehmen. Die erwachenden Kräfte Ihres Wesens geben Ihnen Motivation und Klarheit, damit Sie Ihr Leben leichter, erfolgreicher und vor allem sinnvoll leben können.

Ich bin
Sie erinnern sich an die unbegrenzte Kraft und die große Fülle von Fähigkeiten und Möglichkeiten Ihres Wesens und entwickeln Motivation und Kraft, diese wieder entschieden und voll Vertrauen zu leben, Ihr Selbstbewusstsein und Ihre Bereitschaft, Veränderungen als natürlichen Entfaltungsprozess des Lebens anzunehmen, wachsen.

Leitgedanken abends/morgens
Abends lassen Sie den Tag sanft und harmonisch ausklingen und nehmen aufbauende, Zuversicht spendende und motivierende Ideen mit in den Schlaf, damit sich Ihre geistigen Energien wieder ausgleichen können und sich Ihr Körper regenerieren kann.

Morgens kehren Sie sanft in die Wachheit zurück und nehmen die in der Nacht entstandene Zuversicht und

Entschiedenheit für eine leichte, erfolgreiche Lebensgestaltung mit in den Tag.

Loslassen
Sie lernen, Verwicklungen mit momentanen Situationen, Menschen oder Umständen, die Ihr Denken und Fühlen beherrschen, aufzulösen und Ihre geistigen Energien neu auszurichten. Es entsteht wieder Raum für neue Ideen, klare Beobachtung und unabhängige Entscheidungen.

Neue Perspektiven
Sie entwickeln neue Visionen und schaffen Raum für Veränderungen. Ihre Bereitschaft, Altes loszulassen, wächst und Entscheidungen für Neues können klarer und mit mehr Motivation getroffen werden.

Selbstausdruck
Sie lernen, die Sehnsüchte, Fähigkeiten und Möglichkeiten Ihres Wesens nicht nur zu spüren, sondern ihnen auch kraftvoll und entschieden Ausdruck zu verleihen. Statt sich den Umständen oder Menschen in Ihrem Umfeld anzupassen, vertreten Sie bewusst und klar sich selbst und Ihre Lebensabsicht.

Selbstbeobachtung abends
Die abendliche Betrachtung des Tagesgeschehens und Ihrer Rolle darin schafft ein tiefes Bewusstsein über die Art und Weise, wie Sie denken, fühlen und handeln. Das ist Selbstbewusstsein im eigentlichen Sinne. Diese Klarheit hilft Ihnen, Ihre geistigen Energien eindeutiger und vor allem bewusster auszurichten.

Selbsterkenntnis
Sie lernen, sich Ihrer Gedanken, Gefühle und Handlungen bewusst zu werden und zu spüren, ob Sie Ihrer Lebensabsicht und Ihren Sehnsüchten folgen oder sich von Ihrem Wesen entfernen. Sie werden sich Ihrer selbst bewusst und entwickeln Selbstbewusstsein und Selbstwertgefühl.

Selbstwertgefühl
Sie erforschen Ihre Fähigkeiten und Möglichkeiten und lernen Ihre eigenen Werte schätzen. Nur was Sie an sich selbst spüren und verstehen, können Sie auch bewusst zur Gestaltung Ihrer Wirklichkeit einsetzen. Es ist leichter, erfolgreich zu sein, wenn wir wissen, warum wir den Erfolg verdient haben.

Unabhängigkeit
Sie lernen, mit Ihren Gefühlen, den stärksten schöpferischen Bewusstseinskräften, unabhängig, frei und souverän umzugehen. Ziel ist nicht, mehr auf das Umfeld, die Vergangenheit oder sogar eine mögliche Zukunft zu reagieren, sondern aktiv und kontrolliert nur den Gefühlen Intensität zu geben, die das eigene Leben gestalten sollen.

Wunschpartner
Sie nehmen das geistige Muster Ihres Wunschpartners mit in Ihre Traumwelt und träumen von ihm, träumen ihn vielleicht sogar herbei, bis er sich Ihnen in diesem Leben zeigt. Sollten Sie ihn schon kennen, dann gehen Sie gemeinsam in Ihren Träumen auf Reisen.

Alle Bücher, Kassetten und CDs sind im Buchhandel und über folgende Bezugsadressen erhältlich

Deutschland: Dynamis-Seminare,
Sylvia Barris
Scheffelstr. 65
76135 Karlsruhe
Tel. 07 21-8 51 83,
Fax 07 21-84 28 95
Email: sbarris.dynamis-seminare
@t-online.de

Österreich: Wera Schmölzer,
Seminarorganisation
Weissgerberlände 54/II/11
1030 Wien
Tel. + Fax 01-91 33 5 57
oder 06 99-1-9 13 35 57
Email: info@erfolgsclub.at

Schweiz: Baumgartner Bücher AG
Centralweg 16,
Postfach
8910 Affoltern a. A.
Tel. 01-2 42 76 53
Fax 01-2 42 76 86

Über den Autor

Harald Wessbecher macht seit fast zwanzig Jahren in Vorträgen, Seminaren und persönlichen Beratungen erfahrbar, dass wir ungenutzte Bewusstseinskräfte besitzen, die sich für eine gezielte Gestaltung unseres Lebens entwickeln lassen und mit denen wir unsere Wirklichkeit ganzheitlich wahrnehmen können, auch in Bereichen, die unseren körperlichen Sinnen verborgen bleiben.

Seine Methode der gezielten Entfaltung dieser oft unterentwickelten und zum Teil noch unbewussten Fähigkeiten nennt er DES (Dynamische Entfaltung des Selbst). Hauptziel der DES-Methode ist es, mit gezielten Schritten aus alten Verhaltensweisen und Wahrnehmungsmustern herauszufinden und frei zu werden, um sich selbst leben und seine körperlichen und geistigen Möglichkeiten entwickeln und nutzen zu können.

Mehr Informationen über den Autor und seine Methode finden Sie im Internet unter
http://www.haraldwessbecher.de